TRADING ONLINE

La Guía más Completa para Invertir en Bolsa con las Mejores Estrategias para el Éxito

ALVARO MORALES

Trading Online © 2020 Alvaro Morales - Todos los derechos reservados.

La reproducción, incluso parcial, del contenido de este libro está prohibida. Todos los derechos están reservados en todos los países, incluidos los derechos de traducción, almacenamiento electrónico y adaptación total o parcial, con cualquier tecnología.

La reproducción de los contenidos requiere el permiso expreso y por escrito del Autor.

SUMARIO

Introducción 1
El Trading Online a través de la historia 6
Productos financieros 11
    Productos financieros de ahorro 12
    Productos financieros de inversión 13
    Productos de financiación 14
    Instrumentos financieros 15
Qué es la especulación 17
    La importancia de la especulación 18
El comercio con acciones 21
    Como comprar la acciones 21
El Bitcoin y las criptomonedas 25
    El Bitcoin (BTC) 25
    Las criptomonedas 27
    El dinero virtual y su origen 28
    Cualidades de la criptomoneda 30
El mercado de divisas 32
    Instrumentos utilizados en el mercado de divisas 33
    Factores que influyen en los valores de las divisas 35
    Cualidades del mercado FOREX 35

Materias primas, índices y ETFs 36
   Como se compone un ETF 37
   Características de los ETFs 38

Detener la pérdida y obtener beneficios 39
   Como detener las pérdidas 39
   Operar sin Stop Loss 40
   Como controlar los beneficios 42

Minimizar las pérdidas y optimizar los beneficios 43
   Minimizando las pérdidas 44
   Optimizando los beneficios 45

Estrategia a corto plazo 47

Estrategia a largo plazo 50
   Ventajas 50
   Desventajas 51

Posición de Trading 52
   Posición en largo 53
   Posición en corto 53
   Posición neta 54

Swing Trading 55
   Como practicar Swing Trading 56
   Ventajas del Swing Trading 58
   Desventajas del Swing Trading 59

Trading Social 60
   Como aplicar el trading social 61
   Copy trading 63

Trading Automático..65
Evitando los riesgos del trading.................................69
    Principales riesgos del trading 70
    Controlando el riesgo 71
Administrando nuestro dinero...................................74
Los secretos de los traders ganadores......................79
    George Soros como trader....................................80
    Aspectos a tomar en cuenta para ser un trader.........81
    Como ser un trader de éxito 83
Fundamentos del análisis técnico 84
    Realizar un buen análisis técnico..........................85
    Los gráficos en el análisis técnico 86
    Indicadores en el análisis técnico.........................87
Lea y analice los gráficos 89
    Determinar la tendencia del mercado....................90
    Lo que se debe saber...90
Tendencia alcista y bajista 91
    Tendencia alcista 91
    Tendencia bajista..93
    Mercado lateral...94
El método del triángulo...96
    Significado del volumen 97
    Señalar objetivos de precios 97
    Tipos de triángulos...97
    Como hacer trading con los triángulos 99

Aprovechando las noticias y análisis financieros 101
    Como se interpreta el ATR 103
Corredor de bolsa de valores 105
    Como seleccionar nuestro corredor de bolsa 107
Instituciones de supervisión en España 109
    La regulación de un bróker 110
    En España la CNMV 111
Cumplimiento de impuestos en España 112
    El trading y sus impuestos 112
    Como se debe tributar en España por trading 114
    Como declarar pérdidas 115
Como ganar dinero haciendo trading 116
    Ejemplo de una operación en Forex 117
Epílogo 119
    Que hacer el primer día como trading 120
    Las 3 mejores plataformas para hacer trading 121
    Tomando la iniciativa 122
Descargo de responsabilidad 124

INTRODUCCIÓN

El trading online es la operación que se realiza en el mercado de valores, utilizando la conexión de internet. Es algo que se utiliza mucho actualmente en España y que trae consigo una nueva generación de inversionistas, los cuales previamente se han nutrido de amplios conocimientos en la materia con la finalidad de poder integrarse a este amplio comercio internacional.

Esta metodología tiene como característica que puede integrarse cualquier persona a participar en los mercados financieros globales desde su ordenador, solo con cumplir algunos requisitos previos, sencillos, puede lograr ser un inversor a este nivel sin mucho contratiempo y en el horario que más le convenga, por la variedad de mercados existentes.

Los traders a través de una plataforma diseñada para hacer trading, se encargan de realizar operaciones de compra y venta de instrumentos financieros, comunicándose con los brókers a través de la red, donde dan la orden y este se encarga de ejecutarla como personal autorizado para el trámite.

Es por esto que la actividad consiste en realizar un comercio internacional a través de la red, utilizando un intermediario que es el que llevara al ejecútese todas nuestras ordenes, según nuestras especificaciones.

Nosotros lo que estaremos haciendo es especular, tratar de obtener un beneficio económico aprovechando la variabilidad en los precios de los diferentes productos existentes en este mercado de valores. Compraremos a un valor y venderemos a otro por encima, donde la variación de precios, menos la comisión del bróker, vendrá a ser la utilidad de nuestra inversión en esta operación.

El trading online se considera una profesión, no puede llegar a considerarse un pasatiempo pues no lo es, a través de este oficio se puede llegar a ganar dinero así como también a perderlo, por esta razón quien escoja este camino debe estar preparado para adquirir conocimientos nuevos y estar dispuesto a hacer sacrificios para aprender y dedicar tiempo para operar, no puede dejar ningún detalle a la suerte.

Pues también se debe considerar que es una gran oportunidad la que se ofrece, al poder participar cualquier persona desde cualquier lugar, si se hacen bien cada cosa que haya que realizar.

Esta actividad ha ido en crecimiento, si consideramos el avance tecnológico existente en la actualidad y la accesibilidad al mismo. Estos factores son los que han llegado a contribuir al gran alcance del trading a nivel mundial.

Al llegar a considerar los cambios positivos que se han dado al entrar en la era digital, podemos darnos cuenta que la ventaja ha sido bastante notable, pues la conexión a internet trae un ahorro muy significativo en cuanto a tiempo y procedimientos.

Antes para realizar cualquier transacción había que comunicarse con el bróker por teléfono y dar las indicaciones por telegrama o fax, con todas las implicaciones que estas traían consigo.

Hoy en día solo con unas cuantas ordenes giradas a través de nuestro ordenador, comenzamos y concluimos una determinada transacción.

Los brókers por su parte también han aprovechado al máximo la era del internet, pues lo que para ellos era sumamente tedioso o lo controlan igual solo con el ordenador. Por ejemplo cuando se le daba una orden esta debía ser conformada para ser verificada, con todas las transacciones que esta operación llevase implícita. Por lo tanto las operaciones eran muy lentas.

Con la llegada de la informática, ahora las ventajas son notables, aquí mencionamos las más resaltantes.

- Las transacciones online tienden a ser más económicas que con el procedimiento tradicional.
- Todas las operaciones se efectúan en muy corto tiempo.
- Existen en la actualidad una gran variedad de productos financieros.
- Siempre se tiene acceso a los mercados internacionales si se dispone de una buena conexión de internet.
- No se requiere de ninguna información que no aparezca en la plataforma o en la red, por lo tanto con la sola disposición del ordenador se puede realizar la operación deseada.
- Cualquier conocimiento adicional que se requiera siempre estará disponible en la web.

En la aplicación del trading han llegado a diseñar diversas estrategias los traders, donde se relaciona la cantidad a invertir y el lapso de tiempo en el que harán la inversión. Si se considera el tiempo tenemos que el trading puede ser: day trading, swing trading, trading cuantitativo, divisas, etc., fundamentalmente es el tiempo el que las define y cada una con su respectiva carga emocional y adiestramiento respectivo para saber qué hacer y cuando.

Por poner un ejemplo podríamos mencionar al day trading, que es cuando se realizan las operaciones de forma diaria, por lo que también llega a llamarse intradía. Esta estrategia es una donde hay que tener mucha madurez mental y autocontrol, por lo general no es recomendada a principiantes, es de acción rápida y a cualquiera que llegue a querer aplicar la estrategia sin la educación adecuada puede quedar en bancarrota apenas comenzando en el oficio.

Para llegar a vivir del trading hay que generar dinero constantemente, y la única manera de hacerlo es adquiriendo los conocimientos adecuados para poder lograr salir adelante con las exigencias. No se debe limitar en invertir en conocimiento, en dinero o en tiempo, pues este factor es el que al final nos va a venir a afirmar lo que queremos ser dentro del trading.

EL TRADING ONLINE A TRAVÉS DE LA HISTORIA

La historia del trading, luego llegó a ser online, se traslada a una era algo lejana, por el año 1876, ya que a partir de esa fecha se había hecho un acuerdo internacional donde se estableció que las divisas serian respaldadas por el precio del oro, con la finalidad de evitar que ocurriera devaluación de la moneda de forma arbitraria, solo por conveniencia del gobernante de turno, lo que al final generaría más inflación. Gracias a este sistema el dinero mantenía una cierta estabilidad, este patrón se mantuvo hasta la primera guerra mundial.

A pesar de que este sistema presentaba una gran estabilidad económica en cada país, no era del todo favorable, pues también existían ciertas deficiencias que eran prácticamente imposible de subsanar.pues se daba la situación que cuando un país tenía una economía con mucho crecimiento, comenzaba el consumismo de productos importados, lo que hacía en el fondo disminuir sus reservas de oro, motivado a la compra excesiva de artículos en el extranjero.

Esto hacia que el respaldo de la moneda se viera disminuido, había disminución de liquidez y esto traía una economía en descenso, ocasionando una grave recesión.

Luego toda la producción de dicha nación alcanzaba unos precios muy bajos, haciéndolos atractivos para otras naciones, las cuales llegaban a adquirir esas producciones en grandes cantidades, volvía a entrar dinero al país y este se recuperaba económicamente de nuevo.

Este sistema del patrón oro se mantuvo por un largo tiempo, con esos ciclos constantes de abundancia y productividad para luego caer en escasez y recesión. Este sistema se vio afectado cuando por causa de la primera guerra mundial el movimiento de oro y los intercambios comerciales se vieron completamente interrumpidos.

En el año 1944 se llegó a poner en práctica otro sistema con la finalidad de llegar a mantener un control sobre las divisas. Este fue designado con el nombre de acuerdo Bretton Woods. Este consistía en fijar todas estas divisas al dólar estadounidense, llegando a establecer una relación de 35 dólares por una onza de oro.

Su finalidad era poder controlar la fuga de capitales entre naciones, así mismo se buscaba contrarrestar cualquier intento especulativo con relación a las divisas y su intercambio en el mercado internacional.

Cuando finalizó la segunda guerra mundial los países fijaron un compromiso con respecto a hacer cumplir el acuerdo Bretton Woods, donde todos los países integrantes acordaron mantener un valor en sus monedas con una diferencia muy pequeña, en referencia al dólar estadounidense y manteniendo una relación con el precio del oro.

Por otra parte se les realizó un control más estricto sobre sus divisas, donde ningún país podría llegar a devaluar la moneda por encima de un diez por ciento. Pues esto podría traer marcados beneficios de manera premeditada. Como consecuencia de la gran restauración a nivel mundial por ser la era post guerra, existía entre los países cierta desestabilización motivada a los grandes movimientos de dinero que se generaban. Por lo tanto el sistema Bretton Woods no estaba siendo capaz de regular, tal como se había establecido.

Debido a estos acontecimientos, definitivamente en el año 1971 se abandonó el convenio Bretton Woods, finalizando aquellas referencias entre dólar estadounidense y precio del oro.

En el año 1973 se comenzó a comercializar libremente con las divisas de los países con economías más fuertes, cuyos precios eran establecidos por la oferta y la demanda. Ya en esta situación los precios de las divisas eran colocados por el mercado internacional, manejados a un tipo de cambio libre.

Es en este punto cuando en la década de los 70 debido a la desregularización del mercado y la liberalización del comercio, nace el mercado de divisas Forex.

Con la llegada de la era informática se logra crear un gran avance en el mercado de divisas, pues su logro llego al alcance de prácticamente todo el mundo, donde ya el dinero de cualquier país podría ser intercambiado en muy corto tiempo sin importar las fronteras. Es allí cuando este mercado se expande a América, Europa y Asia.

Fue tanta la notoriedad que trajo la nueva tecnología informática en este ámbito, que los volúmenes de dinero que se manejaban en los años 80 era de 70 mil millones de dólares diarios, para pasar a 2.5 mil billones por día a principios del 2000.

PRODUCTOS FINANCIEROS

En el mundo empresarial a nivel de inversión, nosotros debemos saber que podemos contar con una gran cantidad de herramientas que vienen a ser un soporte para la acción que queramos emprender, dentro del ámbito financiero.

Los productos financieros es aquel apoyo prestado por un banco o mercado financiero, con el objetivo de obtener un beneficio económico. Este puede ser proporcionado a una persona o empresa, existiendo en la actualidad para cubrir: financiamiento, ahorro o inversión.

Lo primero que se debe determinar es cuál es el tipo de requerimiento que se va a solicitar, para poder saber cuál

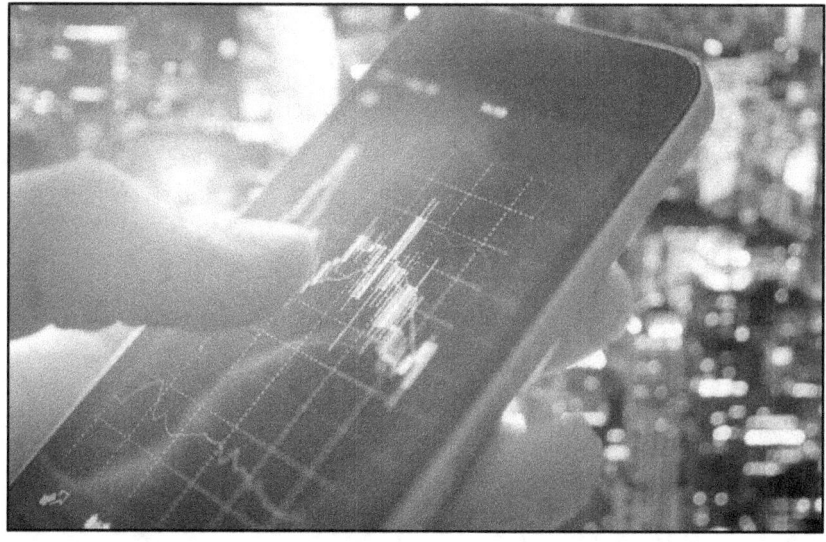

va a ser los recaudos con los que se debe cumplir. Pues para cada uno de estos instrumentos financieros existirá una cantidad de recaudos con los que se ha de cumplir para poder acceder al servicio como tal.

Es al llegar a este punto que se logra desarrollar una transacción donde aquel que busca financiamiento es puesto en contacto con los recursos que otro tiene, por el cual aspira obtener una rentabilidad y así obtener un ingreso por la colocación de su dinero.

Cada producto es diferente a otro, pues según como sea su nivel de riesgo como inversión, variará en su beneficio de retorno, así como para el solicitante será distinto el nivel de exigencia para poder disponer del mismo.

Productos financieros de ahorro

Este tipo de herramienta viene a proporcionar a aquel que lo solicite, la garantía de tener bajo resguardo su dinero, para poder utilizarlo en un futuro, en las condiciones que haya acordado con el ente seleccionado. Los plazos y especificaciones debemos saber que va acorde con los beneficios que serán proporcionados, en función de esto mencionado, tenemos:

- Cuentas bancarias. Son las cuentas donde normalmente se guarda el dinero, ya sea a título personal o de una empresa. Existen algunas con unos intereses significativos y otras que no dan beneficio alguno. La disposición del dinero es inmediata, pues

- así como es sencillo hacer el depósito igual será el retiro del mismo.
- Depósitos bancarios. Este viene a ser aquel dinero que es depositado a un plazo, sin nosotros poder tener acceso al mismo durante ese tiempo. Su retorno viene directamente relacionado con el tiempo que se mantendrá ese dinero colocado en la entidad.
- Planes de pensiones. Muchas veces la consideran un plan de inversión, este tipo de mecanismo te ayuda a tener tu dinero creciendo poco a poco en una cuenta, donde la persona podrá comenzar a retirarlo al salir con la jubilación de la empresa.

Productos financieros de inversión

Este tipo de instrumento aparece cuando se llega a disponer de algún dinero extra, del cual queramos obtener una mayor rentabilidad de la que nos puedan llegar a ofrecer un producto financiero de ahorro.

Se debe considerar que existirá un riesgo al incursionar en este ámbito, pues el mundo de las inversiones genera ganancias por una parte y pérdidas por la otra, lo mejor al momento de haber escogido este rumbo es dejarse asesorar por algún profesional en el área, para no acarrear la incertidumbre de la ignorancia.

Entre estos productos, tenemos:

- Fondos de inversión. Esta se aplica cuando un grupo de personas decide realizar una inversión con el dinero aportado por todos. A través de una sociedad se gestionan las transacciones que darán origen a la inversión y posteriormente a la recuperación del capital más los beneficios.
- Bonos. Este tipo de producto consiste en la compra de títulos de deuda de un ente público o privado, el cual luego de cumplido un plazo retornara al que lo posee su capital y su rendimiento.
- Productos estructurados. Es la combinación de uno o más productos de inversión, donde previamente se expondrán y se aceptaran las condiciones.
- Opciones. Es un acuerdo donde se permite la venta o compra de un valor antes de la fecha de su vencimiento.
- Futuros. Es el acuerdo donde se llega a aprobar la compra de un producto financiero, en una fecha futura al momento de su firma.

Productos de financiación

Este tipo de producto puede ser tomado por empresa o por particulares, donde tiene como finalidad solucionar algún requerimiento donde haga falta liquidez que no se tenga en el momento. Posteriormente dicho préstamo ha de ser cancelado según el cumplimiento de un cronograma de pago.

El solicitante debe tener una excelente capacidad de pago soportada por sus debidas referencias, con exigencias según sea el producto solicitado. Entre estos tenemos:

- Prestamos. El solicitante recibe una cantidad de dinero el cual será dedicado a utilizar según sea el programa escogido, con una fecha tope de cancelación, previa a la liquidación de un número fijo de cuotas, donde amortizará capital e intereses.
- Hipotecas. Aquí el cliente dispone de unos recursos, donde pondrá por su parte una garantía del tipo inmobiliario. Este tipo de financiamiento se utiliza mucho para la compra de bienes inmuebles.
- Tarjetas de créditos. Financiamiento de pequeña magnitud, donde se otorga una tarjeta personalizada al usuario con la finalidad de que los gastos generados sean amortizados a través de cuotas entre capital e intereses.

Con esto podemos darnos cuenta que existe una gran implementación de alternativas que podemos acceder al momento de tener algún plan que ejecutar y no tener una disponibilidad de forma inmediata.

Instrumentos financieros

En el mercado bursátil existen variados tipos de instrumentos en donde nosotros podemos colocar nuestro dinero, todo varía según el tipo de inversor que nosotros decidamos ser.

Es así como, nosotros llegamos a encontrar: acciones de empresas, instrumentos de deuda, instrumentos de intermediación financiera, cuotas de fondos mutuos, cuotas de fondos de inversión, etc.

De esta forma nosotros debemos saber que el comportamiento de los distintos activos tienen dos características diferentes:

- Instrumentos de intermediación financiera o de deuda. Llegan a mantener una rentabilidad fija y conocida.
- Instrumentos de capitalización. Su rentabilidad es variable y está sujeta a los cambios del mercado, puede traer beneficios o pérdidas.

QUÉ ES LA ESPECULACIÓN

Con respecto a este término se manejan siempre muchas opiniones, por lo general cuando se utiliza es para descalificar a alguien que está dedicado a las ventas y vende a un precio carente de lógica y muy por encima de lo que debería ser, si se incluye el costo del producto sumado a su margen de utilidad. Su definición correcta es otra.

Especulación viene a ser la actividad comercial que se realiza, donde se utilizan diferentes mecanismos para poder obtener un beneficio económico, basado en la variación del precio en una transacción de negocios.

Según este concepto, para que pueda ser especulación no se debe tener una injerencia directa sobre el activo donde se invierte. Pudiendo ser este material, inmaterial o un activo financiero.

Viéndolo desde otro punto de vista, la especulación pasa a ser una inversión realizada con un alto margen de riesgo, pues es igual la probabilidad de ganar a la de perder, debido a cualquier movimiento que se haga, el dinero fácilmente puede desplazarse de un lugar a otro.

La importancia de la especulación

Motivado a que esta es una actividad donde el riesgo es muy significativo y nadie está exento, la especulación es un mecanismo necesario, pues para que un mercado fluya en todos los sentidos, debe haber especuladores.

Los especuladores no tienen una influencia directa sobre el precio de un activo, este se dedica a adquirir un producto financiero vinculado al valor real de ese activo.

Los especuladores estiman el tiempo de subida de precio de ese activo. Es precisamente la oferta y demanda la que al final llegan a proporcionar el valor real de ese producto. Muchas veces la certidumbre no llega a existir, pues en los mercados, los especuladores, tratan de poder predecir los acontecimientos futuros para poder decidir sus acciones, eso muchas veces se puede lograr, pero no será así todo el tiempo. La variabilidad de precios en el mercado es algo necesario, pues es el engranaje que hace el movimiento para que los capitales vayan en diferentes sentidos, brindando accesibilidad a aquel que sea capaz de descifrar el juego del dinero en ese sistema.

La especulación ha existido siempre y seguirá existiendo, viene a ser el estímulo de todo aquel que quiere conseguir logros significativos utilizando la economía de los gobiernos y la privada, donde el riesgo pasa a segundo plano y da paso libre al ingenio y la dedicación en el análisis de los mercados futuristas. Es necesario este tipo de acciones, para poder lograr la estabilidad en las finanzas de las inversiones.

El capital que hace falta para el financiamiento de los estados, empresas públicas y privadas se mantienen a flote gracias a este tipo de actividades.

Los gobiernos lo que hacen es regular y mantener bajo una supervisión estricta a todos aquellos que se dedican a la especulación dentro de los grandes mercados financieros, con la finalidad de evitar la aplicación de mecanismos que no vayan acorde con el buen desempeño de la actividad, llegando a causar una posible exclusión para gran parte de los participantes.

EL COMERCIO CON ACCIONES

Cualquier asesor financiero, personal, siempre va a aconsejar el ahorro familiar a su cliente, este viene a ser una acción muy importante pues con este capital es que nosotros podremos llegar a afrontar cualquier eventualidad imprevista en nuestro hogar.

Muchas veces ese ahorro viene a ser un excedente significativo de capital, algo que podemos buscar aumentar si le damos el uso adecuado, haciendo bien las cosas podríamos realizar algún tipo de inversión que nos venga a traer una buena rentabilidad.

Una de las alternativas que se nos puede llegar a presentar, es la correspondiente a la compra de acciones de empresas que cotizan en la bolsa de valores. Por supuesto debemos de contar con la asesoría correspondiente al caso.

Como comprar la acciones

Una de las formas que existe es a través de un banco, esta transacción puede ser personalmente o vía online. El banco le exigirá cumplir con unos cuantos requisitos, luego podrá abrir una cuenta de valores. Posteriormente el cliente dará la orden de cuales títulos querrá adquirir y a través de esta se le debitará el cargo por concepto de la compra.

Esta cuenta estará vinculada a la cuenta corriente del solicitante pues también allí es donde llegará a recibir los beneficios que puedan ser generados por la transacción.

Aparte de las entidades bancarias, también se puede acceder a comprar acciones a través de empresas de servicios de inversión. Es aquí donde aparecen aquellas denominadas brókers, que actúan como sociedades anónimas, con un capital por encima de los 300 euros, cuya finalidad es realizar los trámites de los clientes de compra o venta, mas estas no pueden llegar a tomar decisiones por cuenta propia, cosa que si puede llegar a hacer las sociedades de valores o *Dealers*.

También en este ámbito podemos encontrar *las empresas de asesoramiento financiero* (EAFI), cuya finalidad no es otra que la de ayudar a dar directrices a sus clientes en

todo lo referente a la toma de decisiones en el medio bursátil, su labor solo será prestar ese conocimiento y experiencia adquirida, para que sea el cliente quien ejecute las acciones a seguir, en ningún momento estará autorizado para actuar por su cuenta.

Para que una empresa sea calificada como EAFI, debe cumplir con una gran cantidad de requisitos, con la finalidad de garantizar transparencia y seguridad en sus asesorías, pues no se les permite realizar transacción alguna con el dinero del cliente.

Para llegar a contactar a estas empresas se puede hacer a través de sus páginas web ubicadas en la red, con las cuales podemos escoger el tipo de servicio que ejecutaremos y así concretar una contratación.

Se puede también realizar los trámites de compra y venta vía online, donde una de las ventajas precisamente es el abaratamiento de los costos, pues se aprecia la gran diferencia en los precios cuando existe un intermediario, que al eliminarlo por ser la operación a través de los canales de la red, esto se traduce en un ahorro en cada transacción que se realiza.

Considerando que cada orden que sea generada por nosotros nos acarreará un valor agregado al costo de la misma. Es por esta razón que la elección que hagamos debe ser bien analizada para poder evaluar lo que más nos convenga, tomando en consideración que en cualquiera de los servicios que solicitemos y sea la modalidad que sea, tendremos diferencias en los costos las cuales ameritan ser evaluadas.

Entre los factores a considerar al momento de llegar a realizar este tipo de negociaciones, hay que saber que entre las ventajas de operar online es que a cualquier hora tendremos acceso a cierta información y atención, cosa que no podremos tener si el servicio es personalizado a través de una oficina. Siempre hay que estar claro en que las condiciones y estipulaciones contractuales hayan sido bien revisadas y acordadas, para no caer en situaciones incomodas por desconocimiento, ya que debemos aclarar que el bróker este legalmente registrado y con cuales leyes se manejará, ya que por ser empresas internacionales pueden manejarse por reglamentos ajenos a nuestro criterio.

Los expertos llegan a reconocer que cuando se inicia en este negocio lo mejor es que las asesorías e informaciones sean proporcionadas de forma personal en una oficina, pues es la mejor manera de introducirse en este mundo algo complejo y exigente. Este tipo de actuaciones a través de los bancos está regulada y supervisada por el Banco de España.

EL BITCOIN Y LAS CRIPTOMONEDAS

Las criptomonedas vienen a ser una solución a la forma de realizar comercio en la red, esto se debe fundamentalmente a que es un dinero virtual, que todo su intercambio se logra es a través de plataformas en la web, fueron creada en la era del 2000 y aquí estarán con nosotros por mucho tiempo.

El Bitcoin (BTC)

Este vino a ser la primera criptomoneda que se llegó a crear, funciona los 365 días del año y las 24 horas de cada día, esta moneda virtual es la primera con tecnología blockchain y se ha mantenido activa desde sus orígenes en el año 2009.

Por ser Bitcoin una moneda fundamentada en un software, esto hace que la misma constituya una red de pagos de mucha seguridad a través de un código abierto, con una moneda única.

El Bitcoin se ideo con la finalidad de crear un sistema de intercambio monetario de forma virtual, completamente descentralizado pues ningún ente lo regula, abierto a todos y donde el valor seria generado por la confianza que le dieran los usuarios.

A ciencia cierta no queda muy claro en quien fue el creador del BTC, se ha llegado a comentar que fue un tal Satoshi Nakamoto, pero ese viene a ser su seudónimo, pues la persona o grupo de personas se desconocen, incluso su lugar de origen, pues nada se sabe sobre los verdaderos padres del Bitcoin.

Una gran particularidad del BTC es que su generación se produce a través de lo que se llega a denominar en este argot como minado, el cual ocurre cuando a través de un computador este utilizando un software específico para la actividad, se encarga de resolver gran cantidad de algoritmos cuyas recompensas se fundamentan en unidades llamadas bloques, luego estas son distribuidas en los tantos mineros que dieron lugar al descubrimiento del mismo. El algoritmo es llamado Proof-of-Work (PoW).

Para su utilización y manejo existen monederos virtuales, denominados wallet, donde se guardan los BTC, por lo general en cantidades pequeñas o fracciones de BTC, los cuales son llamados Satoshis.

A medida que va pasando el tiempo el grado de dificultad va en aumento por lo que se hace más costoso y más escaso en el mercado.

En la actualidad se han creado una gran cantidad de criptomonedas luego de la creación del BTC, por lo que se ha preestablecido que todas estas monedas virtuales tengan cambio al Bitcoin, estableciendo a esta como el token de referencia. De la misma manera se debe mencionar que el BTC se puede cambiar por su equivalente en dólares, euros o cualquier moneda según sea la región donde se realice la transacción, ya que gran parte del mundo lo reconocen, existen lugares donde estos no son aceptados.

El Whitepaper de Bitcoin señala que cada bloque de esta criptomoneda es generado cada diez minutos y presenta todas las transacciones realizadas en ese lapso de tiempo.

La primera transacción de la cual se sepa fue cuando un programador canceló por un pedido de pizzas, la cantidad de 80 $ en mayo de 2010, lo cual era para ese momento 10.000 BTC, irónicamente esa cantidad vendría a ser a la fecha aproximadamente 80 millones de dólares.

Se ha llegado a estimar que para el año 2140 se debería estar minando el último BTC disponible.

Las criptomonedas

Las criptodivisa viene a ser una moneda virtual, con la que solo se pueden realizar transacciones a través del internet, pues estas son generadas por software especializados para cada una de las monedas, las mismas utilizan un sistema de criptografía para realizar transacciones muy confiables y seguras.

La primera moneda virtual que llego a aparecer fue el Bitcoin, detrás de estas surgieron muchas más, utilizando sistemas de creación algo similar, aunque cada una trabaja con software diferentes.

Dentro de estas que han aparecido tenemos un grupo que se han basado en el BTC, las cuales se llegan a denominar altcoin, como por ejemplo: Litecoin en el año 2011 o Peercoin en el 2012.

El dinero virtual y su origen

Motivado a los grandes avances tecnológicos que han ido surgiendo en los últimos años, estos han traído un cambio muy acelerado en todas las formas de hacer las cosas.

Es motivado a esto que procesos tan sencillos como han sido los intercambios comerciales a través de las épocas, los cuales comenzaron con trueques donde se cambiaba un producto por otro, luego paso a ser modificado con la aparición del dinero en físico, ahora se llega a fomentar el uso de un dinero el cual nadie puede palpar pero existe y está presente, es el dinero virtual.

El inicio de la idea de las criptomonedas aparece en los años 80, cuando un movimiento llamado Cypherpunk, se inclinaba por el uso amplio de la criptografía como instrumento para desarrollar un cambio favorable en los aspectos político y social.

Luego en la década de los 90 David Chaun y Adam Black con sus sistemas, Digicash y Hashcash respectivamente, elaboran unos mecanismos los cuales centralizaban el uso de dinero a través de los medios informáticos y por el otro se encargaba de la seguridad y fiabilidad con respecto al uso del mismo, como por ejemplo el control del spam.

Aunque debemos aquí en este punto hacer énfasis en que es en el año 2009 cuando aparece la primera moneda virtual, el Bitcoin.

Cualidades de la criptomoneda

Entre sus características más distintivas podemos encontrar:

- Criptografía. Se manejan con sistemas de cifrados, garantizando de esta manera cualquier transacción que se haga.
- No se puede falsificar. Por ser un artículo inmaterial es imposible de que se le pueda realizar copias.
- Irreversibilidad en sus transacciones. No existe la posibilidad de que los pagos efectuados sean revertidos.
- Son descentralizadas. No existe ningún ente que ejerza control sobre las criptomonedas.
- Son intercambiables por divisas. Fácilmente pueden llegar a comprarse o venderse utilizando cualquier mecanismo comercial.
- Alto nivel de privacidad. Se garantiza la privacidad, y no hay porque revelarla, de quien la posea y la negocie.

Ventajas

- Transacciones económicas. Debido a que no existen intermediarios no hay pagos de comisiones a terceros.
- Seguridad. Solo el propietario tiene acceso a su dinero.
- Transparencia en el proceso. Estas pertenecen a un registro el cual tiene libre acceso.

Desventajas

- Alta volatilidad en sus precios, haciendo esto que las consecuencias de una variación traiga grandes consecuencias en muy corto tiempo.
- Aun no se termina de aceptar de forma global.
- Se presta para actividades ilícitas, por su gran nivel de discrecionalidad.

EL MERCADO DE DIVISAS

Este es un tipo de mercado que su principal función es la de permitir el comercio a través del intercambio de divisas, también se le conoce como FOREX que no es otra cosa que Foreign Exchange, que se podría traducir como intercambio de monedas extranjeras.

En ese lugar se llega a fijar el valor para cada divisa, dando la oportunidad a aquel que quiera participar de integrarse al grupo que genera algún tipo de transacción. Estos valores son internacionales y van a depender de la oferta y demanda de cada renglón.

Los intercambios se pueden hacer en cualquier tipo de divisa o producto, ya que se maneja con dinero efectivo o electrónico, principalmente este último considerando las diferencias geográficas y los volúmenes de dinero que se manejan. Para evaluar la equivalencia entre una moneda y otra se utiliza un conversor de divisa.

Este tipo de comercio se inició por los años 70, cuando se estableció un mercado de cambio flotante y así pasaba a eliminar definitivamente aquel que se había mantenido desde 1944, originario de Bretton Woods, y que hacía que su base fuera fijada en referencia a la onza de oro.

Este mercado de divisas es un intercambio comercial muy exclusivo, debido a los grandes volúmenes de dinero que se maneja, la gran cantidad de participantes, su gran extensión a nivel geográfico así como su tiempo de actividad con respecto a la operatividad, pues solo descansa los fines de semana.

Instrumentos más utilizados en el mercado de divisas

- Transacciones con divisas de contado. Son operaciones de compra o venta de divisas con un lapso menor a dos días hábiles.
- Transacciones con divisas a plazo. Estas operaciones son también de compra o venta, con la diferencia que la culminación de la misma supera el tiempo de los dos días, ese tiempo se establece previamente en un contrato donde también se indica el valor a considerar, que se toma como referencia el del mercado en el momento de hacer el acuerdo.

- Derivados financieros. Este viene a ser un producto financiero que llega a tener un valor que depende del precio de otro activo. Vienen a ser cinco estos derivados, teniendo:

1. Foreign Exchange Options, que es la Opción financiera de divisas. Es cuando se otorga un derecho, contractual, donde se intercambiara una divisa por otra con condiciones ya preestablecidas.
2. Foreign Exchange Futures, mencionada como Futuros de divisas. Cuando se llega a determinar un intercambio de divisas en una fecha posterior a una tasa ya establecida.
3. Non Deliverable Fowards, que es Contrato no negociado de divisas. Este viene a ser un acuerdo legal fuera del espacio territorial, negociado con distintas monedas.
4. Outright forward, son los Futuros a plazos. Es cuando se realiza un intercambio de divisas en un tiempo futuro, a la fecha del contrato, con sus condiciones ya determinadas.
5. Foreign Exchange Swaps, es el Swap de divisas. Este es un acuerdo entre dos partes en intercambiar un empréstito, evaluado en una cantidad de divisas, en otros tipos de divisas equivalentes al valor original del préstamo, en una fecha determinada según contrato.

Factores que influyen en los valores de las divisas

Los factores que pueden llegar a influir en un momento determinado, en los valores del mercado internacional de las divisas, son variados, entre los que tenemos:

- Económicos. Por ejemplo: inflación, desempleo, PIB, etc.
- Políticos. En este caso mencionaríamos los factores políticos que llegan a influir en la economía de una nación.
- Psicológicos. Cuando se generan noticias que crean una tendencia dentro de este mercado.

Cualidades del mercado FOREX

Señalaremos cuales son las características más resaltantes del mercado internacional de divisas.

- Diversidad. Por presentar una facilidad para acceder, presenta una gran variedad de participantes en las diversas transacciones que se realizan a diario.
- Gran escala. Se mueve un gran volumen de dinero en todas sus negociaciones.
- Rapidez. Sus transacciones se pueden hacer con mucha facilidad y rapidez, debido a la gran variedad de alternativas que presenta.

MATERIAS PRIMAS, ÍNDICES Y ETFS

El significado de la palabra ETFs proviene de las siglas en inglés Exchange Trade Funds, que vienen a significar Fondo Cotizado en Bolsa. Este viene a ser un instrumento que está vinculado a un índice, un producto o un grupo de activos como un fondo indexado. Es un fondo que hace referencia a un grupo de índices que representan a varias acciones, su valor viene a ser un promedio ponderado de todos los precios que lo componen, su utilidad es la misma que la de los valores que llega a representar.

Al llegar a adquirir un ETF se estará comprando acciones de las empresas, que aparecen integrando a este instrumento.

Los ETFs se llegan a proteger a través de un mecanismo denominado hedge, que tiene como función la de minimizar los riesgos al involucrar acciones de otras compañías, con la finalidad de involucrar las rentabilidades de las acciones del conjunto.

Un ejemplo de esto puede ser cuando se quiere invertir en una empresa como Google, pero al tomar la decisión se cubre la transacción invirtiendo en un grupo de empresas como por ejemplo: Facebook, Apple, IBM, etc., por lo tanto si una llega a irse a la baja, con las otras acciones del grupo se llega a equilibrar la inversión.

Como se compone un ETF

Este tipo de instrumento debe ser estructurado por una entidad bancaria, la cual a su vez la presentará en la Comisión de Seguridad y Bolsa (SEC) para su aprobación. Luego de haber sido aprobada el banco creador de ese ETF, se contactará a las empresas involucradas, las cuales serán recopiladas todas estas y enviadas a un banco que servirá como custodio, finalmente se creará ese ETF con el valor correspondiente a sus acciones componentes.

En este punto se confirma que las acciones de las diferentes empresas son vendidas al mismo precio que si hubiesen salido de forma independiente, más se resalta que el poseedor del ETF podrá tener la holgura de jugar con esos precios al determinar el precio total del producto.

- ETF y fondos de inversión. Un ETF funciona como un solo índice a pesar de estar conformado por varias referencias de acciones. Un fondo de inversión a pesar de ser un fondo mutuo manifiesta diferentes índices.
- ETFs de materia prima. En este caso este instrumento no hace referencia a acciones como tal, se encuentra vinculado a materias primas como: el petróleo, el oro, el maíz, etc., aquí se refleja que pueden ser productos agrícolas, recursos naturales o metales preciosos.
- Estos ETFs se centran en mercancías, y se usan mucho por operadores que dan mayor prioridad a esta herramienta por encima de otro tipo de instrumentos en esta comercialización.

Características de los ETFs

Para realizar este análisis utilizaremos la comparación con las acciones de forma individual.

- Diversificación. Al existir un grupo de índices involucrados, la inversión tendrá mayor garantía de sostener el riesgo.
- Amplio conocimiento sobre los factores involucrados, ya que se mantienen las acciones de más de una compañía, hay que realizar el análisis previo de las partes integradas.

DETENER LA PÉRDIDA Y OBTENER BENEFICIOS

Al momento de hacer trading se debe buscar tener presente el factor riesgo, que es algo que debemos considerar siempre, este va a ser algo que va a poner ciertas limitaciones en nuestras decisiones.

Como detener las pérdidas

Existen mecanismos que podemos utilizarlos como protección de nuestra inversión, en este caso hablaremos del Stop Loss, que es una herramienta que podemos utilizar al momento de realizar trading, en este caso viene a ser un marcador, el cual va a permitirnos operar hasta cierto punto como límite, al llegar a este punto se detendrá nuestra participación en la operación. Por supuesto este es un alto a las pérdidas, a medida que va fluctuando las acciones donde estemos involucrados y estas estén descendiendo como tendencia, nosotros ya habremos fijado el punto máximo de pérdida que llegaremos a aceptar.

En el Trading nosotros debemos estar convencidos de que las únicas cosas que podemos llegar a controlar son dos: la entrada y la salida, lo demás no está seguro, solo buscamos evaluar tendencias y tratar de predecir los acontecimientos.

Cuando empezamos en una operación de trading, evaluamos en qué punto lo hacemos y con cuanto capital invertiremos, para cuando nuestras proyecciones no sean válidas y comiencen a aparecer imprevistos adversos a nuestros intereses, van a comenzar a disminuir los valores de nuestras acciones, al tener nosotros el valor ya preestablecido del riesgo que estemos dispuestos a permitir, ese será nuestro Stop Loss, ya de allí en adelante no continuaremos en la jugada, pues nos puede venir a acarrear más pérdidas de las que estamos dispuestos a soportar financieramente.

Por lo tanto la acción sería la siguiente, entramos con una inversión y de una vez marcamos el Stop Loss, ya así definimos lo que no queremos que suceda.

Operar sin Stop Loss

Existen muchos operadores que no utilizan esta herramienta, por supuesto son personas ya con cierto nivel de

experiencia y que saben sobre cómo invertir su capital y controlar sus emociones.

Al no utilizar el Stop Loss se puede correr un riesgo considerable, sobre todo en principiantes, ahora también hay que decir que se puede realizar el trading de esta manera, habrán otras exigencias y factores con los que se deba cumplir, pero si es válido el operar sin Stop Loss. Solo se debe considerar que en una caída rápida e imprevista no dará tiempo de poder controlar rápidamente con la acción correspondiente, por lo tanto habrá que cargar con la responsabilidad.

Para concluir nuestro punto de vista referente al Stop Loss, mencionaremos las características de la herramienta en cuestión.

- Si eres principiante debería ser obligatorio su uso, pues por falta de experiencia hay detalles que se pueden escapar, y traer como consecuencia un movimiento imprevisto de caída en el valor de la acción que se opera.
- Cuando un operador experimentado esta encima de la transacción que se realiza, puede omitirlo, en el caso del scalping o traders intradía.
- Para realizar operaciones a largo plazo lo mejor es poner un límite de perdida, allí recurrimos al Stop Loss.

Como controlar los beneficios

Para controlar los beneficios en el trading, los operadores disponen de una herramienta llamada Take Profit, la cual no hace más que controlar el valor de la acción con la cual se esté trabajando, al esta ir subiendo ya se ha preestablecido cual va a ser el pico máximo en el que nos saldremos, con la finalidad de evitar correr el riesgo de que la tendencia se llegue a revertir y ocasione esto desde disminución de ganancia, hasta inclusive caer en pérdidas luego de estar en una posición cómoda.

Fundamentalmente los operadores se basan en realizar estudios previos y muy detallados de la operación que llegara a ejecutar, donde estarán evaluando cual será el punto máximo en el cual se puedan apoyar, considerando los niveles de soporte y de resistencia, para luego poner en consideración si la estrategia es en largo o corto.

El factor emocional es uno que siempre vamos a tener que llevar encima, ya que por instinto propio, cuando las cosas comienzan a salir al revés de lo planificado, va a suceder que deseemos salirnos de la operación, no queramos continuar pues se llega a perder la capacidad de análisis, es por esta razón que lo más recomendable es que fijemos este valor al momento de entrar, pues no tendremos la presión psicológica ni ese estado de ansiedad que pueda llegar a generar una situación de variaciones de precios que no estén previstas.

MINIMIZAR LAS PÉRDIDAS Y OPTIMIZAR LOS BENEFICIOS

Cuando se realiza el trading debemos saber que hay varios factores que se involucran de alguna manera en nuestras acciones, queramos o no, unas se ven y otras no. Por ejemplo el stress y emociones no se pueden ver, pero allí están influenciando en nuestras decisiones.

Es por esta razón que nosotros debemos saber operar con modelos ya preestablecidos, los cuales nos ayuden a tomar esas decisiones en momentos cruciales de nuestras transacciones. Esto que hacemos no es un juego y hay que tomarlo en serio, como debe ser.

Debemos mantener un nivel de riesgo, que proteja nuestro capital de inversión, pues nada hacemos con iniciar y poner todo el capital disponible pues estamos seguros de ganar, luego se dió que perdimos y ahora no disponemos de dinero para continuar.

Lo mismo se da en sentido contrario, cuando estamos ganando y sigue subiendo nuestro valor, pues debemos saber hasta donde debemos llegar para poder asegurar unos buenos dividendos sin arriesgar nuestra inversión.

Minimizando las pérdidas

Debemos saber que al tomar en serio el trading como nuestra fuente de ingresos, debemos cuidar nuestra inversión. A esto se le denomina gestión de riesgo, y para expresarlo de modo que todos lo entendamos, no es otra cosa que solo trabajar con un pequeño porcentaje de nuestro capital de inversión, una parte que podamos arriesgar y recuperarnos rápidamente en el caso que llegáramos a fallar.

Por lo general la regla indica que cada inversión que hagamos no supere el 5% de nuestro fondo para inversión, sea cual sea nuestro capital debemos tratar de mantener este margen de colocación, así pues si llegáramos a caer en una racha de varias pérdidas seguidas, aun así tendríamos dinero para muchas operaciones más, las probabilidades son muy escasas de que lo vayamos a perder todo sin nunca habernos podido recuperar. Aun así se pueden tener dos tipos de inversores:

1. Inversor conservador.
- Invierte el 1-2% del capital de inversión en una sola orden.
- Válido para principiantes, les proporcionara más tiempo para poder adquirir conocimientos del trading.
2. Inversor agresivo.
- Invierte el 5-10% del capital de inversión en una sola orden.

- A pesar de ser muy arriesgado es válido cuando se tiene experiencia sólida y existe mucho control en las acciones, basándose en diferentes herramientas de apoyo.

Optimizando los beneficios

Para poder optimizar nuestro rendimiento, dentro de una plataforma de trading, debemos apoyarnos en la herramienta mencionada anteriormente y denominada como Take Profit. Aquí detallaremos cuáles serán los usos que le daremos a este instrumento.

Para saber cómo ubicar nuestro Take Profit, ubicaremos dos posibles eventos:

- Con una figura gráfica. En este caso se analiza el grafico formado con las diferentes tendencias que ha seguido la acción de nuestro interés y considerar que el mercado por lo general tiende a repetirse. Si este es el caso nuestro tenemos que colocar exactamente antes del inicio de una vela, se considera al estar frente a un patrón gráfico.
- Utilizando un punto de soporte o resistencia. En este caso tomaremos como referencia un soporte o resistencia. Si se abre una operación de compra se coloca el Take Profit con referencia a una resistencia. Si en cambio estamos en una posición de venta se debe colocar como referencia el nivel de soporte.

Estas consideraciones se hacen tomando como fundamento una proyección que se pueda dar un rebote en un punto de soporte y una ruptura en el punto de resistencia.

ESTRATEGIA A CORTO PLAZO

Las actividades de un trading consisten en obtener beneficios de la compra y venta de activos financieros. Por lo tanto para llevar esto a la práctica existen dos tipos de forma, a corto plazo o a largo plazo.

Cuando la opción escogida es a corto plazo nosotros escogemos realizar una operación en muy corto tiempo, desde pocos días, hasta minutos, es por esta razón que se denomina *trading a corto plazo*.

Debemos mencionar que se denomina *largos* cuando se compra para luego vender, y se llama *cortos* cuando vendemos para luego comprar. También vale la pena

mencionar que para hacer trading en corto, su mejor momento para entrar es cuando ocurre un rebote en su precio.

Aquí presentamos algunas de las estrategias que entran dentro del grupo de corto plazo.

- Largos a favor de tendencia. Es aquí cuando se compra un activo que ha tocado un punto bajo, en su trayectoria, y comienza a subir. La finalidad es comprarlo para luego venderlo cuando ocurra el efecto contrario, que toque un punto arriba para luego comenzar a bajar y allí es que se aprovecha de vender.
- Cortos a favor de tendencia. Cuando tienes un activo y en su trayectoria comienza a descender su valor, es allí cuando ves prudente vender, para dejar que su precio siga disminuyendo y luego de tocar su punto más bajo, volver a comprarlo. O sea compras algo que ya tenías, pero que también ya te dejó un margen de utilidad.
- Largos a contracorriente. En esta estrategia se compra el valor cuando está en una etapa de descenso y alcanza su soporte, allí se espera a que rebote y llegue a su precio usual y se vende, para obtener beneficios con su diferencial de precios.
- Cortos a contracorriente. Cuando un valor va en ascenso, y sabemos que está ocurriendo de forma exagerada, entonces vendemos y esperamos a que alcance de nuevo su precio habitual y allí compramos.

- La técnica de la plancha. Cuando entramos en la operación con una estrategia similar a cuando tanteamos una plancha caliente, poco a poco la vamos tocando para medir su temperatura. Así ocurre con este método, cuando apreciamos que un activo está a punto de subir, compramos con una inversión muy pequeña, para no arriesgar mucho, si vemos que es acertada nuestra estimación hacemos la inversión esperada.

Para nosotros poder realizar estimaciones cada vez que estemos ejecutando alguna operación, lo mejor es el conocimiento pleno de lo que se hace, ese es el mejor consejero que podemos tener para hacer proyecciones a futuro basándonos en aspectos lógicos y la información con la que contemos en un momento determinado.

Cuando tenemos por cualquier vía alguna información que sea relevante e influya en los precios de las acciones de alguna compañía, eso será muy relevante para poder actuar con sentido común.

ESTRATEGIA A LARGO PLAZO

Este tipo de estrategia se basa en realizar una operación de trading en un espacio de tiempo extenso, desde varios días hasta años inclusive, a esta metodología también le dan el nombre de *position trading*. Para poder realizar esta estrategia se debe estar muy bien informado, es por eso que se dice que están afianzados en el análisis fundamental, donde hacen una proyección a un futuro a largo plazo.

El operador que decide aplicar este tipo de estrategia se basa en realizar evaluaciones sobre gráficos diarios, semanales y mensuales para realizar sus respectivas proyecciones. En esta situación no se llegan a revisar los gráficos con poco tiempo, así como movimientos intradía.

Ventajas

En cada una de las estrategias podemos encontrar ventajas y desventajas, las cuales deben ser examinadas al momento de tomar una inclinación por este modo de hacer trading.

Entre las ventajas de esta estrategia, tenemos:

- Ahorro de spread. Se reduce el costo por pago de spread. Comenzando por el hecho de que al realizar trading a largo plazo habrán menos operaciones realizadas en un lapso de tiempo, por lo tanto

el gasto por concepto de spread será menor. También se debe considerar, que el peso que ejerce el spread sobre una operación a largo plazo será menor al tomar en cuenta que su beneficio es más alto que una realizada en trading corto plazo.
- No hay riesgo por volatilidad al corto plazo. En el trading a largo plazo se presenta la ventaja de poder ir ajustando, los parámetros involucrados en la operación, a medida que va pasando el tiempo, ya que la holgura se lo permite.
- Operatividad más sencilla. Solo por el hecho de no tener que tomar rápidas decisiones, ya es algo que alivia la actividad. Aparte de esto también existe más tiempo para poder analizar las acciones que se deben tomar, por lo tanto este tipo de trading es más cómodo y fácil que lo otros método.

Desventajas

Como todo método, este también presenta algunas desventajas, aquí mencionamos estas dos:

- Requiere mayor capital de inversión. Debido a la utilización de stop loss con amplios márgenes, y debido a los largos espacios de tiempo, se puede llegar a caer en un margin call, cosa que se debe evitar a toda costa al abrir posiciones grandes tratando de no consumir mucho margen.
- Se debe aprender a tener paciencia. Debe ser una persona que controle su paciencia, para operar a través de esta estrategia.

POSICIÓN DE TRADING

Este término debe ser bien especificado en el ámbito que se maneje, pues puede llegar a representar cosas distintas según su apreciación. Aquí lo tomaremos exclusivamente en trading, o en comercio financiero, que viene a representar un compromiso para realizar una compra o venta de unas acciones, divisas, materias primas o instrumentos derivados, acción realizada manteniendo un precio ya establecido.

En trading cada vez que se compra o se vende un activo se utilizara la palabra posición, cuando esta transacción se mantenga abierta se manejara el termino posición abierta, cuando esta ya este culminada se denominará posición cerrada, se utilizará posición neta cuando se aprecie el balance entre la compra y la venta de un mismo instrumento financiero.

Para las posiciones se manejan dos tipos de posiciones, que son: posición larga y posición corta. En donde la primera hace referencia a la compra y la segunda a la venta.

Posición en largo

- Si un operador compra un activo y lo mantiene, se dice que ese trader tiene posición larga abierta.
- Cuando ese trader decida vender, ese activo, y lo haga, se dirá que cerró una posición en largo abierta.
- Cuando un trader va en largo, va a obtener beneficio si su activo sube de valor y este la cierra, será su diferencia entre los dos valores, el de entrada y el de salida.

Posición en corto

- Cuando un operador entra vendiendo un activo se manifiesta que el trader ha abierto una posición en corto.
- Ahora cuando el trader compra un activo se dice que cerró la posición en corto.
- En este caso el trader manejar ganancia cuando va en corto y cierra operación y el precio llega a disminuir.

Posición neta

Se habla de posición neta al sacar la diferencia entre el número de posiciones largas y el de posiciones cortas. Por ejemplo si un activo tuvo 5 posiciones largas y luego se hicieron 2 cortas, la posición neta de este activo ha de ser 3.

SWING TRADING

Con este nombre se identifica la estrategia de comercio que se basa en tratar de identificar cual va a ser la tendencia de los precios, considerando que los eventos tienen un comportamiento cíclico, con la finalidad de obtener un beneficio económico de ese movimiento. Cuando se realiza este método su duración por lo general es entre unos días o algunas semanas. Se considera como una estrategia a medio plazo, pues su finalidad es la de sacar beneficios de la forma más segura posible, sin importar mucho las cantidades.

Su metodología consiste en la de analizar la trayectoria del mercado a través de los movimientos históricos de los precios, considerando las posibilidades de que se vuelvan a repetir estas tendencias. Esta estrategia se utiliza desde hace mucho tiempo atrás, llegando a considerarse como una de las más confiables para trabajar.

Este método se fundamenta en realizar un análisis técnico muy detallado para buscar predecir el movimiento de los precios, así de esta forma poder fijar una posición adecuada al respecto y poder sacar su ganancia respectiva.

Básicamente al aplicar esta estrategia se estará simplificando el trabajo de la inversión, pues ya no se tendrá que estar buscando información en la pantalla de negociación a cada instante. Para realizar la debida evaluación de la situación del mercado, se puede llegar a utilizar cualquiera de las herramientas que están determinadas para esa función, como por ejemplo:

- Niveles de retrocesos de Fibonacci.
- Puntos de soportes y resistencias.
- Cruce del indicador MACD.
- Canales.

Como practicar Swing Trading

Para llegar a entender por completo el Swing Trading se debe saber que el trabajo del trader se enfoca en encontrar el modelo de la actividad donde se está operando, pues se basa en que ya ese patrón ocurrió en tiempo pasado y este es cíclico, es allí donde la estrategia va a buscar proporcionar la tendencia de ese valor en ese momento.

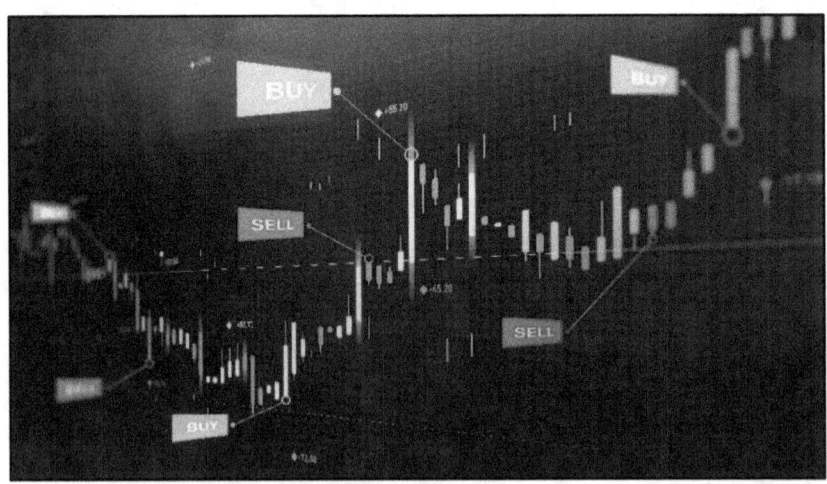

Al llegar a controlar este método será factible para entrar en cualquier mercado sea la tendencia que sea, alcista o bajista.

En el Swing Trading la estrategia consiste en saber entrar lo más pronto posible, y mantenerse el tiempo necesario para obtener ganancias. Es por esta razón que se deben tomar muy en cuenta estos puntos:

- Tener un punto de entrada y disparador.
- Un stop loss
- Un punto para tomar la ganancia.

Por ejemplo: un operador que esté utilizando la estrategia del Swing Trading, colocará su stop loss entre 5 y 10 pips por debajo del nivel de soporte. Casi siempre, el mínimo anterior en tendencia alcista y el máximo anterior en tendencia bajista. Para entrar tomaría el punto entre 50 y 100 pips de este soporte. Se tomaría como punto para recoger la ganancia entre un 80% y 95% del movimiento al punto de resistencia anterior. En este ejemplo será el valor del precio con referencia al punto de soporte quien nos indicara cuando entrar, o si no se entra. También hay que hacer énfasis en que las ganancias pueden llegar a tomarse parcialmente, si la tendencia del mercado disminuye, permitiendo que se continúe con lo demás, esta estrategia se realiza de esta forma para garantizar una ganancia, así se prevé cualquier evento imprevisto que pueda alterar los valores.

Ventajas del Swing Trading

- Puntos bastantes claros. La estrategia se basa en mantener muy bien definidos los puntos de: entrada, stop loss y el más óptimo para recoger ganancias. Lo demás es solo mantener la precaución de acortar rápidamente las pérdidas y mantener en acción las ganadoras.
- Trabaja con el movimiento del mercado. Aquí se trata es de mantener esta estrategia, la cual procederá a buscar sacar ganancia con la tendencia natural del mercado, se ajusta a lo que está aconteciendo, nunca busca ir contracorriente, que es una de las causas por la que muchos traders terminan perdiendo. Al trabajar con históricos, se busca saber dónde estuvo el mercado, donde está ahora y hacia dónde irá, con esta información se termina de armar la negociación completa.
- Los stop loss son más cortos. Las operaciones con este tipo de trading es una de las que tiene los stop loss más bajos, queriendo decir esto que las inversiones de este tipo tienen menor riesgo.
- Mayores oportunidades para negociar. Como es una estrategia de plazo medio, su radio de acción es mayor pues brinda la posibilidad de apreciar las diferentes opciones de negocios que van apareciendo. También si consideramos que trabaja con análisis cíclicos, da las oportunidades de operar con diferentes mercados, pues la tendencia no será factor relevante para decidir operar.

Desventajas del Swing Trading

- Facilidad de tocar el stop loss. Debido a que los stop loss son cortos, se corre el riesgo de alcanzarlos con facilidad, pues muchas veces el movimiento del mercado tiene retrocesos notables que no se pueden prevenir. Al tocar el stop loss debemos saber que esto va a acarrear perdidas al trader.
- No es seguro encontrar el ciclo del mercado. Como este método trabaja con eventos cíclicos y esto no tiene ninguna garantía de que siempre sea así, puede llegar a alcanzar situaciones comprometedoras para el operador al no poder identificar una situación. Las estrategias de Swing son muy susceptibles a los whipsaws del mercado y esto puede llegar a alterar la proyección del trader.
- Brechas de apertura. Como la metodología implica que se deben mantener abierta la posición seleccionada, hasta por semanas. Sabiendo que los mercados abren algunas veces, con brechas de precios bastante significativos, al tener la brecha opuesta a una posición, allí se presentara una perdida inminente.

TRADING SOCIAL

Esta estrategia se basa en la conformación de grupos, con la única finalidad de poder interrelacionarse con personas afines en el mundo del trading y seguir a algún inversor con cierta relevancia en el medio y así poder analizar sus estrategias y operaciones dentro de esta actividad.

Este tipo de actividad tiene poco tiempo aplicándose, uno de sus fuertes es el gran avance de las comunidades dentro de las redes sociales.

En este caso lo que se busca es sacar provecho del gran avance de la tecnología, pues como todos sabemos estamos en una era informática y todo lo que se hace va acompañado de las herramientas del internet. Por lo tanto con esta metodología se pueden llegar a conectar traders de todo el mundo e intercambiar información, referente al trading. De esta forma al estar reunidos en una misma comunidad un grupo de operadores que se inician en la actividad podrán aprender al ver las operaciones que ejecuta el trader experimentado, con la finalidad de ellos poner en práctica esas estrategias.

Debido a todos los beneficios que representa esta nueva actividad, para todas las partes involucradas, se ha venido haciendo muy popular esta práctica. Muchos brókers llegan a ofrecer este tipo de servicios a sus clientes, con la finalidad de que se ambienten en poco tiempo al trading, de la mejor manera posible y teniendo bastante probabilidades de éxito ya que adaptaran sus operaciones al trader seleccionado por ellos para seguir. El trader experimentado ganará comisiones por los grupos de seguidores que tendrá consigo.

Los brókers que prestan el servicio de trading social, mantienen para su presentación una información detallada de aquellos inversores que están dispuestos a aplicar esta metodología, donde señala todas sus características y estadísticas para su respectiva evaluación.

Como aplicar el trading social

Para comenzar a aplicar este tipo de trading, te recomendamos seguir los siguientes puntos:

- Ubicar cuales brókers online prestan el servicio de trading social.

- Luego de seleccionado el bróker, se debe proceder a abrir una cuenta con él. A través de la red debes rellenar la respectiva solicitud y anexar los documentos que te sean solicitados (documentos de identidad y aquellos que corroboren dirección de habitación). Luego coordinar el envío del pago correspondiente a la operación seleccionada.
- Posteriormente a los dos pasos anteriores se debe realizar el registro en la plataforma de trading social, algo similar a la incorporación a cualquier red social.
- Luego de la mano de tu bróker debes dedicarte a ubicar, dentro de los rankings presentados por el mismo, así podrás seleccionar aquel que más se ajuste a tu objetivo, a tu estilo de inversión o a aquel nivel que quieras alcanzar.

Ya con todo esto avanzado lo que nos queda es seguir a estos traders y observar detalladamente todas sus estrategias de inversión. Si lo que se desea es comenzar con la actividad, al ir detallando sus operaciones decide cuando entrar, se lo notificas al bróker y realizas la inversión seleccionada, con la estrategia del trader copiado. La misma será anotada en tu tabla de registro.

Se pueden seguir distintos traders y copiar sus metodologías de trabajo, solo hay que seleccionar e informar al bróker para su incorporación al equipo de labores.

Cuando se quiera dejar de seguir a un trader, solo basta con notificarlo al bróker y ya estará hecho.

En la actualidad se recomienda mucho para el trading social al bróker eToro y su plataforma de trading, es muy recomendada para aplicar este tipo de metodología dentro del mercado Forex.

Copy trading

Existe otra estrategia la cual igual al Social Trading también copia la metodología de operación de un trader más experimentado, en este caso hablamos del Copy Trading.

En esta metodología el trader experimentado estará conectado a la plataforma, desde su posición hará llegar cada una de sus operaciones y en esta, los traders que se hayan registrado, podrán ver cada transacción realizada por el, allí van tener el acceso para detallarla, estudiarla y decidir si la aplican o no, de forma directa con el bróker.

TRADING AUTOMÁTICO

Se denomina trading automático a la acción de operar en mercados financieros utilizando software para esta actividad. En los actuales mercados de valores la gran mayoría de las transacciones se realizan a través del trading automático.

Debido a que operar con instrumentos financieros es una labor que amerita mucha dedicación, por lo menos en la parte del análisis, es por esta razón que en muchos casos los operadores prefieren utilizar cualquier software que les ayude a resolver la evaluación de sus negociaciones, es por esta razón que se ha extendido mucho su utilización.

Gracias a la utilización de una gran cantidad de herramientas e información, el software se encarga de elaborar un análisis del mercado, obteniendo el trader como respuesta una alternativa de estrategia para aplicar al operar con algún instrumento financiero.

Para realizar trading solo existen dos alternativas: trading manual y trading automático.

Por medio de este software que nos permite realizar operaciones en mercados financieros de forma automatizada, el mismo nos va a solicitar que introduzcamos solo algunos parámetros, como lo son: los puntos de entrada y de salida así como el money management, ya con estos valores determinados nuestro software podrá ejecutar operaciones de manera automática, como si fuéramos nosotros mismos, pues ya programó su base para hacer los respectivos análisis y luego ejecutar la orden.

Los valores de entrada y salida con los que se va a programar el software, se pueden hacer de las dos formas posibles que hay:

- Elaborando un cruce de medias móviles, es la manera sencilla.
- Elaborando estrategias complejas a través del lenguaje de programación de la plataforma de trading del operador.

Para operar con este software debemos saber que su utilización es sumamente fácil, no se necesita tener grandes conocimientos en ninguna área en especial. Únicamente con tener el sistema en nuestro ordenador y una buena señal de internet. No requiere de inversión significativa alguna para iniciarse.

Al momento de llegar a adquirir ese sistema que te va a colaborar en tu incursión en el mundo del trading. Debes tener claro que lo primero que se debe hacer es probarlo en una cuenta Demo, uno del software que más se utiliza es el de *Asesores Expertos en MetaTrader*. Estos proporcionan señales de trading y realizan operaciones por ellos solos.

Este tipo de programa se puede encargar de tomar decisiones por sí mismo, sin requerir de la ayuda humana. En Forex abre y cierra operaciones sin que debas estar presente, todo lo ejecuta con las instrucciones que quedaron dentro del software.

Estos software son por lo general pagos, por lo tanto hay que hacer una pequeña inversión para poder automatizar tu trading. Posteriormente será un personal especializado en informática el que realizara los ajustes respectivos.

Hay que convencerse de que el programa que te va a automatizar tus operaciones en trading no te va a garantizar tu éxito financiero en esta área, el mismo depende de varios factores.

Para eso consideraremos que es capaz de encargarse este software para realizar el trading.

- Evalúa la tabla de precios de forma independiente.
- Ubica la tendencia en ese momento del mercado Forex.
- Notifica autotrading.
- Ubica informaciones que sean relevantes para operar.
- Realiza transacciones automáticas, en los pares de divisas donde se pueda obtener alguna ganancia.

EVITANDO LOS RIESGOS DEL TRADING

Al considerar nosotros el introducirnos en el trading para manejarlo como fuente de ingreso para nosotros vivir, debemos saber que esta es una actividad que mueve un volumen muy elevado de dinero, pues si consideramos el mercado Forex, este mueve más de cinco billones de dólares al día, por lo tanto es uno de los más importantes.

Si consideramos su accesibilidad, también podemos darnos cuenta que cualquiera puede participar, ya que gracias al internet, está presente en todo el mundo y que su horario son de 24 horas al día de lunes a viernes.

A pesar de todos estos aspectos positivos que hemos nombrado del trading en Forex, tenemos que mencionar que también existen riesgos dentro de esta actividad. Pues algo que recomiendan muchos expertos es que se debe comenzar con una cuenta Demo y así no llegar a arriesgar capital nuestro sin antes haber obtenido algo de experiencia y conocimiento.

Uno de los grandes errores que cometen aquellas personas que se inician en el trading, tiene que ver con el dinero que se invierte en cada operación. Pues no saben cómo evaluar el monto con el que se va a comenzar a operar y comienzan con cantidades que no van a poder mantener al caer en una mala racha de pérdidas.

Se debe tener en cuenta que los instrumentos financieros son susceptibles a cualquier evento que a simple vista pueda pasar desapercibido para muchos, como algún evento político o social.

Principales riesgos del trading

Entre los riesgos que se le pueden presentar a aun trader cuando está ejerciendo sus actividades de operaciones e inversiones, tenemos:

- Apalancamiento. Esta herramienta que puede llegar a ser muy útil en un momento determinado al aumentar la posibilidad de ganar dinero, en porcentajes mucho mayor de lo estimado, viene a ser un riesgo si no se estima bien su uso. Ya que un gran apalancamiento en un momento de pérdida

va a ser fatal, es por esta razón que para clientes minoristas y principiantes su monto de apalancamiento es muy limitado.
- Análisis incorrecto del mercado. Al realizar erróneamente un análisis de un respectivo mercado, ponemos en riesgo nuestro capital. Si al comenzar una operación nos equivocamos al hacer el respectivo estudio y evaluación de una situación del mercado para entrar, y así lo hacemos, estaremos entrando a pérdida. Aquí se hace referencia a la importancia de colocar un buen stop loss.
- La volatilidad del mercado. Cualquier noticia, tendencia o información relevante en un momento crucial de una inversión nuestra puede llegar a cambiar la tendencia en muy corto tiempo. Son factores a los cuales debemos acostumbrarnos y saber lo influyente que llegan a ser estos en la actividad de un trader.
- Los gaps en el mercado. Esto es un salto brusco en un precio de un activo, pudiendo ocurrir con el mercado cerrado o abierto, es allí donde radica su gran riesgo. Ocasionando de esta forma que una orden pueda ser cerrada muy lejos de donde correspondería. Inclusive hasta llegando a sobrepasar un stop loss.

Controlando el riesgo

Una de las herramientas más utilizadas para poder controlar los riesgos dentro del mercado financiero como trader, es con la elaboración de un plan de trading. El cual debemos elaborar considerando los siguientes aspectos.

- Fijar un buen stop loss. Considerando lo delicado que son las inversiones en este mercado financiero, nosotros sabemos que constantemente estamos siendo acechados por la posibilidad de perder, pues las probabilidades de ganar y perder siempre estarán latentes. Para nosotros poder llegar a garantizar que nuestra perdida no nos vaya a llevar a la banca rota, debemos protegernos en el caso de que las cosas salgan de control. Es para esto que existe esta herramienta muy útil, la cual fijaremos donde más nos convenga según sea la estrategia que estemos utilizando para hacer el trading.
- Diversificar. Siempre es bueno al hacer operaciones de trading, invertir en diferentes instrumentos financieros, pues así las probabilidades de fracaso serán menores, pues una pérdida en un activo podrá ser compensada con una ganancia en otro.
- Adquirir conocimientos. Todo trader debe mantenerse en una educación permanente con respecto a los conocimientos que lo van a mantener actualizado en el oficio, hay que prepararse pues eso es lo que va a hacer la diferencia al momento de operar.
- El apalancamiento. Esta útil herramienta nos va a ayudar a multiplicar nuestras ganancias de ser utilizada con la responsabilidad y sensatez que el caso amerite, pues así como nos puede ayudar también

nos puede perjudicar, pues así como ampliara nuestra ganancia también puede llegar a aumentar nuestras pérdidas.
- Estar al día con las noticias que puedan afectar los diferentes mercados donde estemos operando.

ADMINISTRANDO NUESTRO DINERO

Evaluando nosotros por un instante, ¿cuál ha de ser la conducta correcta de un buen trader? esta va sujeta a varios factores los cuales tienden a moldear sus acciones y por ende sus resultados, o dicho de otra forma sus ganancias y pérdidas. Existen factores psicológicos y sociales que a lo largo de la vida han ido dejando huellas en nosotros.

Es por esta situación que debemos estar convencidos de que cada uno tendrá un comportamiento determinado en un momento, donde nuestra decisión venga a ser algo muy relevante, así como la actuación será algo independiente.

El aspecto que vamos nosotros a evaluar va directamente relacionado con las decisiones que vamos a ir tomando a lo largo de la práctica del trading y cómo podemos llegar a hacerlas para optimizar nuestro rendimiento.

Cada vez que nosotros decidimos entrar a operar en un mercado, lo estamos haciendo con la finalidad de obtener un beneficio, una ganancia de nuestra inversión. Es por esta razón que a la hora de comprar o vender debemos saber que nuestra acción está sujeta a nuestros intereses y que estos deberán cumplir con los siguientes aspectos: Mentalidad para administración del dinero y el método.

La administración del dinero hace referencia a la forma como nosotros lo manejamos, de qué manera lo utilizamos, pues para nadie es un secreto que si no actuamos con cautela y precaución lo más seguro es que no lleguemos a sobrevivir en este mundo por mucho tiempo. Es más sin ir muy lejos, sin una buena administración del dinero, con una sola mala operación que hagamos podría terminar con nuestros proyectos dentro de este oficio.

Un comportamiento controlado en este sentido, nos va a blindar de unas posibles malas rachas de inversiones, nos ayudara a gestionar y optimizar todo nuestro capital que tengamos destinado para operar dentro del trading.

Muchas veces se llega a elaborar un plan de trading pero nunca se habla de crear una planificación administrativa para hacer esas operaciones, diera la impresión de que este factor no importara y por eso es que aparece tarde o temprano el fracaso.

Se debe tener muy en cuenta la cantidad de dinero que será invertida en cada operación, los balances de las operaciones, el uso del apalancamiento, la respuesta al momento de ocurrir en pérdidas, la forma de distribuir las ganancias, etc., con la finalidad de tener un panorama completo de todo lo que ocurre en nuestra actuación como trader, esta será la manera como podremos llegar a proteger nuestro dinero y hacer que nuestra cuenta vaya creciendo.

Lo primero que se recomienda es que se debe realizar una revisión periódica de las ganancias y pérdidas en lo referente a las operaciones que se realizan. De forma general vamos a llegar a requerir de un balance mensual y otro anual, independientemente de la estrategia que estemos utilizando.

utilizando. Ahora cuando estamos realizando operaciones más cortas, por ejemplo diarias, se debe hacer balance semanal y muy recomendable sería un balance intradiario.

Podremos iniciar con un cuaderno, pero al ir nosotros operando de formas más complejas lo ideal es apoyarse con una hoja en Excel, con todos los detalles de cada operación.

Con respecto a la recolección de la ganancia, se propone que esta sea fijada de manera periódica, es lo más recomendable.

Tampoco es recomendable estar reponiendo dinero de notificaciones por margen insuficiente, en este caso se sugiere que sea revisada la estrategia de trading y corregir fallas.

El valor de la posición de entrada debe ser acorde con nuestro capital disponible y este a su vez con un porcentaje ya preestablecido, del que no debemos excedernos. Aunque también existen algunos que manejan esta situación con valores fijos, asumiendo siempre un mismo monto para cada operación. También puede haber cierta flexibilidad en el caso de que el trader sea ya una persona experimentada.

Por ejemplo una de las herramientas de las que se puede llegar a disponer es la del apalancamiento, sabiendo utilizarla de manera adecuada no deberíamos tener problemas. Los inconvenientes pueden surgir cuando se invierte con apalancamiento, y nuestra operación cae en pérdida, es por esta razón que no debemos aplicar esta estrategia sin estar convencido de lo que se hace.

Pues es algo muy conveniente que cuando se haya caído en una mala racha, de unas pérdidas de más de tres operaciones seguidas, lo más indicado es que haya una paralización en las actividades con la finalidad de evaluar la situación que se presenta y ubicar las fallas para ser corregidas.

Si evaluamos una situación de pérdida manejando las estas por porcentaje, se puede llegar a bajar el monto de entrada para tratar de aliviar un poco los egresos de nuestro capital de inversión.

Siempre es bueno premiarse cuando las operaciones hayan dado sus frutos respectivos, nunca esta demás tomarnos un descanso o hacer algo que nos de placer, para que nuestra mente pueda sentir la satisfacción del éxito.

LOS SECRETOS DE LOS TRADERS GANADORES

En esta era para que una persona pueda llegar a practicar trading es algo que no cuesta mucho, pues gracias a los avances tecnológicos, nosotros podemos decidir qué rumbo tomar con respecto a las inversiones en este oficio, donde comprar y vender activos a través de operaciones bursátiles, nos estarían generando un beneficio económico significativo.

Si nuestra decisión es hacia el mercado de Forex, se ha comprobado de forma estadística que solo 1 de cada 10 llegan a triunfar de manera significativa.

Existen muchas historias al respecto, en lo respectivo al éxito dentro del trading en Forex, donde personas dicen estar viviendo de esa labor, cuando resulta ser que es falso, pues son muy pocos los que de verdad logran encontrar su fuente de ingreso en esta actividad.

Para que un trader en el mercado de Forex sea considerado exitoso, debe ser capaz de estar generando beneficios de forma sostenida en inversiones de largo plazo.

A pesar de que son las grandes empresas o corporaciones las que mueven en gran escala cantidades muy significativas de dinero, existen traders que han logrado destacarse como grandes inversores, es por esta razón que mencionaremos a uno, con la finalidad de tomar sus consejos.

George Soros como trader

Su nombre es ampliamente reconocido, pues es uno de los más ricos del planeta según la revista Forbes. A Soros se le ha llegado a nombrar como *el hombre que hizo quebrar al banco de Inglaterra*, esto con una extraordinaria estrategia en una sola operación de 1.000 millones de dólares.

A pesar de haber tenido tanto éxito con el trading, no ha compartido mucho sus secretos en los libros que ha publicado. Casi nada se podría decir de este inversionista, con respecto a sus técnicas, si nos basamos en sus publicaciones.

Para poder llegar a tomar algunas de sus recomendaciones, hacemos un especial análisis a la entrevista realizada por John Train, en *The new money monsters*, donde llega a decir que su estrategia era muy acertada pues daba la facilidad de hacer correcciones a sus decisiones erróneas.

Evaluando todo lo dicho por George Soros en esa entrevista, llegamos a tener los siguientes puntos de vista de este gran inversor.

- No se debe buscar comprender todos los detalles del funcionamiento del mercado. Es más importante enfocarse en tener ubicados los puntos de salidas y definir la magnitud adecuada de la inversión.
- Realizar la operación fundamentado en una sola estrategia bien analizada en lugar de varias decisiones espontáneas.

A Soros vale la pena detallarlo bien como inversor pues es una persona que ha impactado de una manera muy contundente en el mercado de divisas, donde es ampliamente reconocido por sus grandes hazañas como operador.

Consideraciones a tomar en cuenta para ser un trader

Nunca se debe posponer. Para activar en este oficio se debe estar convencido de que nunca podemos estar aplazando objetivos, pues al final no estaremos dando la seriedad requerida en el trading y terminaremos perdiendo nuestra inversión. Cada vez que nos propongamos realizar una acción esta debe ser ejecutada en el tiempo y con las características que se preestablecieron.

- Debes comenzar con una cuenta Demo. Para iniciarte en el trading lo más recomendable es que comiences con una cuenta que maneje dinero ficticio, para ensayar estrategias, adquirir familiaridad con el sistema y obtener los conocimientos requeridos.
- Estar dispuesto a adquirir conocimiento constante. Para este oficio se debe estar dispuesto a ir aprendiendo constantemente todo sobre la actividad del trading, ir actualizándose e informándose de la manera más abundante posible, esto traerá sus recompensas. Para ser un trader debes saber que esto requiere tiempo, esfuerzo y dedicación.
- Debes elaborar tu estrategia de trading. Existen varios estilos para llevar a cabo el trading, lo que debemos saber es que nosotros debemos elegir uno y perfeccionarlo en nosotros mismos. Ser un trader nos va a exigir el tomar decisiones donde se encuentre en juego nuestro dinero, por lo tanto debemos utilizar nuestro conocimiento y herramientas de las que dispongamos para poder accionar de la mejor manera. Desarrollar una estrategia no es nada fácil, pero hay que hacerla y llevarla a cabo.

Fundamentalmente los traders exitosos se basan en los siguientes aspectos:

- Identificación
- Análisis
- Solución
- Gestión

Como ser un trader de éxito

Para ser un trader ganador se debe saber que, como en todos los aspectos de la vida, la creación de hábitos que nos ayuden a alcanzar los objetivos de una manera más segura y de forma más sencilla es lo que se busca alcanzar, es por esto que aquí exponemos estos puntos para culminar.

- Un trader se enfoca en su estrategia y el mercado, no debe desgastarse analizando al detalle todo el entorno.
- Hay que llevar un registro constante de todas nuestras operaciones, tenerlo almacenado en algún dispositivo nuestro, con fechas y demás detalles, para considerar esos resultados de forma ponderada a largo plazo.
- Un operador exitoso sabe cuándo debe salir del mercado para que su estrategia haga lo demás.
- Hay que saber que el estilo de vida del trading es para disponer de mucho tiempo, el trading es para poder genera sus ingresos no para entregarle toda su vida.
- Para hacer trading se puede desde cualquier lugar del mundo, luego que hayas iniciado, solo necesitas la conexión de internet y tu ordenador.

FUNDAMENTOS DEL ANÁLISIS TÉCNICO

Cuando se realiza actividades de trading dentro de una plataforma destinada a esta finalidad, debemos saber que las decisiones que se manejan dentro se basan en diversos elementos que sirven de apoyo, uno de estos viene a ser el análisis técnico. El mismo consiste en el estudio de gráficos, balances e información relacionados con el instrumento financiero que estamos nosotros operando.

Estos análisis se realizan con la única finalidad de poder predecir cuál va a ser la próxima tendencia en el mercado, hacia donde se van a dirigir los precios de esos activos con los cuales estamos comprometidos, ya sea para la venta o para la compra.

En esta era informática que estamos viviendo se puede llegar a apreciar mejor la utilidad de esta herramienta, donde se analizan patrones pasados y eventos actuales, con los cuales se puede llegar a proyectar una supuesta tendencia. Es por esta razón que se hace sumamente necesario manejar estas bases de datos para utilizarlos a nuestro favor.

Realizar un buen análisis técnico

Cuando se realiza un análisis técnico lo que se busca realmente es obtener toda la información posible de los patrones de movimientos dentro del mercado donde tenemos nuestro activo, patrones pasados y evaluarlos, para así buscar una coincidencia con hechos presentes y así encontrar el punto de entrada. Pues la idea es tratar de conseguir que la situación actual del mercado vuelva a repetirse, haciendo esto fácil la ubicación de la dirección que los precios tomarán.

Realizando apreciaciones reales en esos patrones, se podrán identificar precios y volúmenes de movimiento, así se podrá determinar cuáles serán los parámetros que manejaremos en nuestra operación.

Existen dos grupos dentro del trading que manejan para sus decisiones dentro de las operaciones en el mercado bursátil, los análisis de las tendencias del mercado, los que manejan el análisis fundamental, donde estos se inclinan por la idea de que las variaciones que puedan llegar a tener los precios tienen una relación directa con los factores económicos del entorno, y los analistas técnicos que se basan en la repetición cíclica de los patrones del comportamiento de los activos.

Lo que hay que saber es que si se logra combinar estas dos tendencias para poder sacar algún beneficio, esta será de mucho provecho, ya que ambas representan factores de mucha lógica y gran aporte para evaluar posibles tendencias futuras.

Llegando a manejar con completa disciplina todo lo referente al análisis técnico, nosotros podremos llegar a tener una gran ventaja sobre este mundo de las inversiones, pues esta es una herramienta práctica que puede llevarse a cabo en cualquier mercado.

Estos son unos de los puntos que la hace un factor muy importante a incluir en nuestras operaciones como trader.

- Se adapta a cualquier mercado su análisis y en el momento que uno así lo determine.
- Se puede utilizar como una estrategia independiente.
- Proporciona al operador la posible dirección que la tendencia del mercado va a tomar.

Los gráficos en el análisis técnico

Los gráficos vienen a ser una representación que se hace de las diferentes posiciones que ha podido llegar a tener los precios de un activo. Es una gran herramienta y es algo que cualquier trader debe llegar aprender a utilizar, es el punto de partida para hacer una evaluación técnica.

Los gráficos nos van a indicar cuando la tendencia es alcista o bajista y en mecanismo ideal para evaluar patrones de tendencias históricos. Por lo general se tiende a utilizar gráficos de líneas, de barras o de velas.

Cuando el trader llega a tener dominio de este mecanismo, análisis de gráficos, fácilmente puede llegar a utilizar los indicadores para proyectar tendencias a futuro.

Indicadores en el análisis técnico

Los indicadores son los valores que pueden llegar a mostrarnos la tendencia del mercado, haciendo una buena interpretación de los mismos. Existen varios indicadores, más los que son utilizados con frecuencia son los de precios y los de volumen.

El operador puede llegar a apreciar este par de indicadores y a raíz de los mismos llegar a proyectar los precios futuros que podrá llegar a tener su instrumento financiero, donde se encuentra su inversión. Al hacer su respectivo análisis este llegará a considerar los movimientos ocurridos en diferentes espacios de tiempo, desde segundos hasta meses, el lapso lo pondrá el mismo a su conveniencia.

Por los general los indicadores más utilizados en un buen análisis técnico, consisten en:

- Promedios móviles. Se utiliza para evaluar la tendencia del mercado.
- Índice de fortaleza relativa (RSI). Este índice se utiliza con la finalidad de determinar los posibles puntos de entrada y salida.
- Media móvil de convergencia/divergencia (MACD). Usado para proyectar posible tendencia del mercado.

En estos casos tendríamos que saber utilizar los mismos, pues cada uno tendrá su respectiva importancia en un área determinada.

LEA Y ANALICE LOS GRÁFICOS

Uno de los mayores retos que tiene un operador de trading, fundamentalmente se basa en el poder proyectar a futuro el valor de un activo, predecir cuál va a ser la tendencia que los precios llegaran a alcanzar en un mercado determinado.

Poder realizar un exhaustivo análisis de toda la información disponible es un compromiso de todo aquel que quiera llegar a triunfar como trader, debe saber que esto es algo de mucha prioridad, pues prácticamente llega a ser la única evaluación lógica de la que se dispone para poder predecir la tendencia de un mercado en un momento determinado.

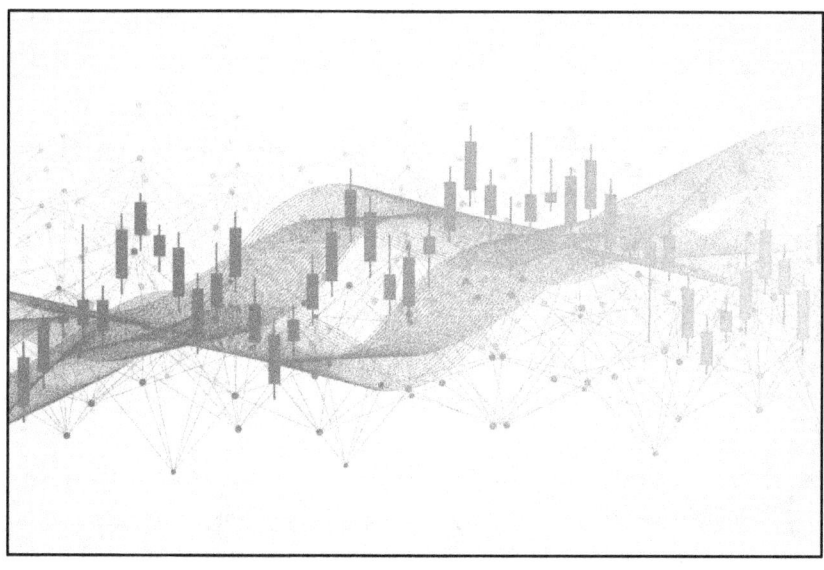

Se llega a disponer de datos estadísticos a través de los gráficos, donde llegaremos a obtener los indicadores en un momento preciso, y con este valor poder realizar estimaciones futuras.

Determinar la tendencia del mercado

Si la tendencia del mercado es al alza se denominara tendencia *toro* si por el contrario dicha tendencia es a la baja la misma se llamara tendencia *oso*. En inglés *Bull Market* y *Bear Market*.

Siempre van a ser los gráficos los que nos van a estar indicando cual va a ser la tendencia que está tomando el mercado y en base a sus indicadores nosotros poder realizar nuestras proyecciones en la tendencia futura.

Lo que se debe saber

Para poder realizar un buen análisis de los gráficos se debe contar con una experiencia bastante considerable, donde no solo con saber observarlos será suficiente, hay muchos otros factores que también deben considerarse para hacer un buen análisis gráfico.

El realizar un estudio de manera constante, utilizando un criterio lógico para cada evaluación, así como buscando siempre estar apoyado en el análisis fundamental.

Nunca un gráfico será igual a otro, por eso es que lo que se busca siempre es similitud para poder afinar la intuición en la determinación de valores futuros.

TENDENCIA ALCISTA Y BAJISTA

Al momento de decidir tomar al trading como modo de vida, debemos saber que es necesario cubrir todos los aspectos que sean parte de la actividad. Una muy importante es saber distinguir las tendencias dentro del mercado correspondiente, pues son dos, básicamente, y muy diferentes una de otra. El otro inconveniente al que se enfrenta el trader es que en muchas ocasiones la tendencia no viene de forma predecible, es decir no es fácil conocer su tendencia futura, por eso un buen análisis es la mejor manera de nosotros protegernos.

Nuestra exposición es aplicable para cualquier mercado, pues las tendencias existen en cualquier actividad donde existan variaciones en sus valores, esto lo podemos apreciar en un gráfico, donde llegaremos a analizar los diferentes precios alcanzados en un lapso determinado de tiempo.

Tendencia alcista

En una tendencia alcista ocurren altos y bajos en los precios, manteniendo una secuencia de orden creciente. Permitiendo esto que las bolsas de valores cierren al alza.

Unas de sus características vienen a ser:

- Suelen presentar un avance lento. Sus escaladas vienen a ser a través de muchos retrocesos, los cuales tienden a ser grandes o pequeños, rápidos o lentos, pero están allí ocurriendo. Generan cierto desgaste debido al ir y venir constantemente. Lo que ocurre es que la gran mayoría se ha enfocado solo en comprar, haciendo esto que el gran volumen de inversión se encuentre del lado alcista.
- Puede mantenerse a través de mucho tiempo. En muchas ocasiones se presenta la situación donde esta tendencia perdura a través del tiempo, generando un gasto de energía más de la cuenta en los operadores. Puede durar mucho tiempo más del esperado, es por eso que se debe tener mucha paciencia en estos casos. Muy común en el mercado de acciones, donde una empresa que está en pleno proceso productivo y de crecimiento efectivo, obtenga ese incremento en su valor.

Trading en tendencia alcista

Lo más recomendable al momento de llegar a operar en una tendencia alcista es ir a favor de la tendencia y con mucha paciencia evitando el desgaste mental. Se debe operar con mucha calma y permisividad, donde siempre debemos mantenernos a favor de la corriente.

Debido a la gran cantidad de movimientos, en la fluctuación de precios, inciertos ya que solo son amagos, se recomienda dejar más espacio de lo habitual para poner el stop loss, y estar más presto a cualquier modificación dentro del plan de trading. Muchas veces se aconseja no fijar un objetivo fijo y llegar a esperar la salida solo por medio de un *trailing stop loss*.

Tendencia bajista

En este caso de tendencia dentro de los mercados financieros viene con la característica de mantener una secuencia de máximos y mínimos de orden decreciente. Entre sus cualidades principales llegamos a tener:

- Movimientos rápidos. No existe amagos con respecto a los precios, sus movimientos no presentan tantas oscilaciones. Pues su caída es más rápida que cualquier movimiento al alza.
- La preocupación es corta. Este tipo de tendencias dura poco en comparación con las alcistas. El valor del precio puede llegar a descender mucho, pero lo hace rápido. Si se comparara con una alcista sus movimientos pudieran darse en la mitad del tiempo que la de esta.

Trading de tendencia bajista

Se debe considerar que son tendencias que se dan en un corto lapso de tiempo, no se puede uno dar el lujo de pensar mucho en fijar una posición, se debe entrar o salir rápido, dada las características de esta tendencia. En estas se puede operar a favor de la corriente o en contra de ella, según dicte el análisis previo.

Aunque se debe tener precaución, en la entrada, cuando se va a favor de la tendencia. Las decisiones deben ser precisas independientemente de la operación, ya sea a la compra o a la venta. En este tipo de operaciones, cuando sea esta la tendencia predominante, no se puede uno estar apoyando en grandes retrocesos pues puede llegar a ser contraproducente.

Mercado lateral

Este tipo de tendencia no es apreciada por los inversionista, al igual que la tendencia bajista, pues todos los operadores al practicar trading su finalidad es ganar dinero. Cuando la tendencia es lateral se mantiene el precio a corto plazo y a largo plazo, pero muy difícil sacar provecho a este primero.

Sucede que cuando se da este tipo de tendencia, el mercado para el inversor se estanca, su precio no tiene variación por lo que dificulta obtener algún beneficio, pues este valor estará moviéndose entre niveles de soportes y de resistencias.

Para este tipo de situaciones los inversionistas puede escudarse en un arma secreta llamada dividendos, los cuales les van a proporcionar algún margen de utilidad independientemente que a la larga se haya mantenido igual el precio tomado. Es decir si un operador toma un dividendo del 3%, así su precio se mantenga a lo largo de unos cinco años, podrá ganar dinero.

Es decir que cuando el índice que hemos tomado para la operación paga dividendos significativos, así el precio de nuestra operación se mantenga en el tiempo, igual obtendremos una un beneficio.

EL MÉTODO DEL TRIÁNGULO

En el trading existen varios tipos de triángulos: simétricos, ascendentes, descendentes y expansivos. Este tipo de figura dentro del trading, tiene una serie de condiciones para poder ser operados como tal en su ruptura.

Los triángulos en este tipo de actividad están dados a favor del precio, para que se forme un triángulo en un gráfico de trading, deben existir cuatro puntos, dos en l parte superior y dos en la inferior. Es una regla básica que para la elaboración de una recta deben haber dos puntos, como aquí encontraremos dos rectas serían los cuatro puntos.

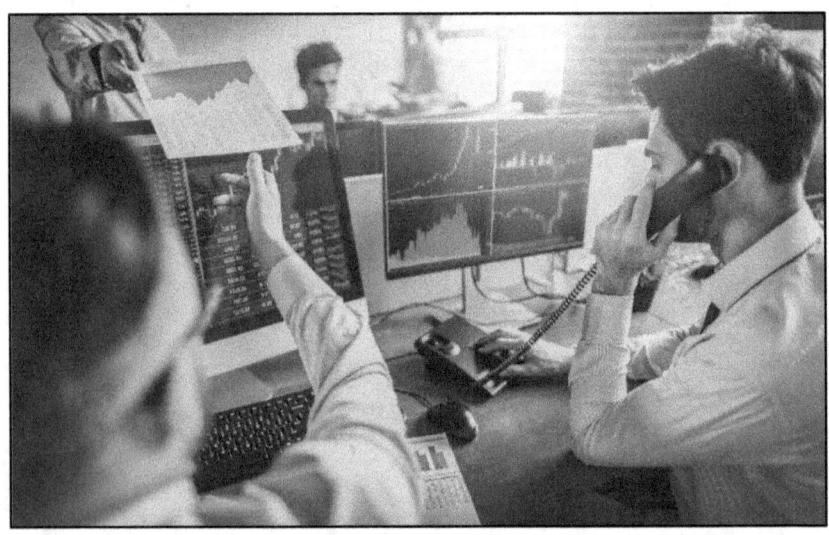

Cuando se utilice en trading con triángulos, el aspecto más importante a tener en cuenta es el tiempo. Para llegar a aplicar bien la estrategia debemos saber que el precio debería romper, en el triángulo, entre dos tercios y tres cuartos del ancho horizontal del mismo, ya que si se llega a salir de estos valores no nos sirve para trabajarlo de esta forma, pues sus condiciones llegan a variar al irse acercando al vértice, de esta última forma no será útil para trading. Su tendencia puede ir en cualquier dirección.

Significado del volumen

El volumen de las figuras representadas en los gráficos del trading, tienen un significado muy específico, ya que dentro de los triángulos el volumen debe aumentar al llegar a su ruptura, pues de allí radica su validez. Si llegase a darse el caso de originarse una ruptura sin volumen, hay que ser muy cuidadoso con la conclusión, pues puede ser que sea una falsa ruptura o que se haya creado otra figura diferente.

Señalar objetivos de precios

Todas las figuras que se generan en el trading tienen su movimiento con medidas, por lo general en los triángulos se asume que la distancia de la base viene a ser la misma dimensión que el precio alcanzara desde su ruptura.

Tipos de triángulos

En el trading podemos encontrar distintos tipos de triángulos, los mencionaremos a continuación:

- Triángulos simétricos. Este tipo de figura tiende a formarse en medio de tendencias, independientemente de que sean alcistas o bajistas, siendo su ruptura en favor de la orientación previa que llevaba. Sus lados son iguales, sus movimientos serán oscilantes, lo cual lleva a dar la impresión de ser una onda, y siempre va a terminar rompiendo en esa tendencia que traía anticipadamente. A veces se producen Pulls, a la ya rota tendencia, donde viene a disminuir el volumen, siendo esta otra oportunidad para volver a entrar.
- Triángulos ascendentes y descendentes. Este tipo de figura geométrica viene a ser una derivación del triángulo simétrico.

  Cuando este es ascendente, su parte superior viene a ser plana y su base será ascendente. En este caso lo más probable es que se esté generando como tendencia alcista, así que su ruptura será con esa tendencia.

  Triangulo descendente. Prácticamente es la misma figura pero con tendencia a la baja, como es de esperar su tendencia será a la baja en la ruptura.
- Triangulo expansivo. Este tipo de figura muy poco se da, tienen poca fiabilidad. Este tipo de triangulo se comporta diferente a los otros, pues su vértice coincide con el punto de origen de la tendencia. Otra de sus características es que su volumen va incrementándose a medida que va evolucionando a través del tiempo, su ruptura se ha de dar en un punto de tendencia a la baja.

Son frecuentes en mercados alcistas y en la fase final de una tendencia.
- Cuñas ascendentes y descendentes. Este tipo de figura viene siendo muy similar a los triángulos simétricos, con la diferencia de que su inclinación es muy pronunciada, así como otra de sus características muy significativa es que su ruptura se da contraria a la tendencia que traiga la cuña, pero a favor de la tendencia original.

En una tendencia bajista, podemos encontrar cuñas alcistas, que solo vienen siendo actividades de cierre de cortos, sucediendo que al esta reanudarse, esa cuña que era alcista pase a ser bajista.

Como todo análisis para una figura de triángulo, al hacer su respectiva evaluación si apreciamos que está aproximándose mucho al vértice sin haber llegado a romper, entonces no es un triángulo y no puede ser tratada como tal, o puede haberse dado un extraño comportamiento en el mercado que ha llegado a alterar la tendencia del mismo.

Como hacer trading con los triángulos

Motivado a que los triángulos son figuras generadas por zonas de congestión y colocación lateral, entonces eso implica que su tratamiento ha de ser de la misma forma, o sea tratado como figura de ruptura lateral.

Esto quiere decir que nosotros tenemos dos opciones de entrar: cuando rompe el precio al triángulo o cuando el precio testea el soporte.

Para descubrir las falsas rupturas, debemos considerar siempre el volumen. El principio fundamental es que el volumen vaya descendiendo dentro del triángulo para luego aumentar considerablemente en la ruptura.

Si se llegase a dar aumento de volumen dentro del triángulo, lo mejor es esperar fuera de la jugada, pues sería algo riesgoso por no presentar las condiciones para operar con triangulo.

APROVECHANDO LAS NOTICIAS Y ANÁLISIS FINANCIEROS

Para realizar un buen trading, los operadores se afianzan en cualquier herramienta que les pueda ayudar a predecir los valores y tendencias futuras en la actividad. Uno de esos aspectos que se pueden llegar a utilizar, o mejor dicho que debería, tiene que ser las noticias y temas de actualidad, aquellos acontecimientos que pueden llegar a causar alguna tendencia en el mercado y que nosotros podamos aprovechar si llegamos a obtener la información a tiempo y aplicarla en el momento correcto, muchos la llegan a llamar *Trading de noticias*.

Específicamente mencionaremos dos indicadores que nos ayudaran a medir la volatilidad creada por la información de las noticias.

Un trader siempre debe estar consciente de los cambios, de tendencia, que pueden llegar como consecuencia de algún suceso que haya ocurrido en un determinado momento. Todo aquel que se dedique a la labor de trader debe saber que gracias a estos acontecimientos se puede llegar a prevenir un movimiento en la dirección de una tendencia, pues sus variaciones debido a este tipo de evento suelen ser abruptas, sin dar mucho tiempo a maniobra alguna si no se ha detectado con anticipación, gracias a la información.

Previo a la aparición de estas noticias los precios se van manteniendo dentro de un estrecho margen, por lo general, hasta que aparece el acontecimiento trayendo esto como consecuencia una disparada en el precio, ascendente o descendente según sea la situación, en ese lapso de tiempo tan pequeño, mientras sale a la luz pública la noticia y sus efectos en la tendencia, muy pocos podrán reaccionar efectivamente, no dará tiempo de hacer nada.

En el caso del par EUR/USD se nombra como divisa muy susceptible a los cambios que traen consigo las noticias.

Usualmente los traders que quieren hacer uso de esta técnica del trading basadas en informaciones noticiosas, por lo general se apoyan en observar el calendario económico para así estar pendientes de aquellos posibles acontecimientos que tendrán alguna influencia, probable, dentro del mercado. Otros por su parte se encargan de hacer el mismo análisis pero tomando como referencia el valor del indicador de rango verdadero (ATR). Este indicador es un factor muchas veces utilizado por operadores, y no es otra cosa que un factor que nos va a venir a representar una medida de la volatilidad.

Este rango indica cual es el valor de la diferencia entre un precio alto y uno bajo de cualquier día. Nos brinda la información sobre la volatilidad de un activo en un momento dado. Los rangos altos señalan gran volatilidad y los bajos baja volatilidad.

Este índice puede ser utilizado tanto para opciones y materias primas, como para acciones.

Como se interpreta el ATR

Algo que debe de aclararse es que este valor como tal no indicara en qué momento se dará el cambio que puede llegar a estarse manifestando, solo puede llegar a estarnos informando sobre la tendencia próxima a ocurrir.

Sobre los valores del ATR, podemos mencionar las siguientes características:

- Altos valores, indicaran un alto movimiento, señalando que esas actividades van a tener unos recorridos muy amplios. Estos nos van a indicar que existe una gran caída o subida en la tendencia, sin garantizar que estos valores se mantengan de forma prolongada.
- Bajos valores. Situación en calma, mercado con poca actividad, movimientos cortos.
- Bajos valores de manera prolongada, nos indicaran una consolidación de la tendencia.

Para finalizar, lo que debemos tratar de mantener claro siempre es que nosotros debemos es estar enfocados en crear estrategias ganadoras, como lo hemos mencionado anteriormente, nuestra idea es generar ganancia apoyándonos de todo aquello que pueda ayudarnos a lograr los objetivos. Si nosotros estamos bien capacitados para sacar buen provecho de las noticias, bueno hay que seguirlo haciendo, si nos cuesta un poco entonces vamos a enfocarnos en hacer trading utilizando otras herramientas.

Debemos estar pendientes de las noticias pues es algo que no podemos llegar a obviar, su influencia puede ayudarnos o tal vez a hacernos una mala pasada si no la llegamos a considerar en un momento crucial. Si no podemos estar al tanto, pero sabemos que hay mucho movimiento informativo, con noticias que llegaran a afectar al mundo financiero, lo mejor es apartarse por un momento, cerrar operaciones hasta que estemos bien enterados de los acontecimientos.

CORREDOR DE BOLSA DE VALORES

Para que sepamos que representa un corredor de bolsa de valores, pues este viene a ser una persona con conocimientos y amplia experiencia en el mercado bursátil, cumpliendo funciones muy específicas en su desempeño.

Principalmente su misión es asesorar y mantener informado a todo aquel que haya solicitado sus servicios, podemos decir que el corredor de bolsa es el intermediario entre el bróker y el trader. Llegando a este punto se debe aclarar que son dos cosas diferentes, uno es el corredor de bolsa y otro distinto es el bróker. Vamos a ir aclarando sobre el tema.

El corredor se encarga de dar una visión plena, al inversor, sobre la operación que se quiera realizar. Señala sus pros y sus contras, hace ver cuáles son las vías más rentables y recomienda sobre la gestión del dinero. El bróker se encarga de ejecutar la operación en el mercado que corresponda con el señalamiento del cliente, en este caso sería el trader.

El corredor es la persona que al asesorar nos va a indicar que y cuando comprar, luego seguirá con nosotros hasta realizar la culminación de la transacción si esta aún no ha sido cerrada. Por ejemplo si compramos algún activo para luego vender, nuestro corredor se encargará de acompañarnos, desde la entrada al mercado para comprar hasta que llegamos a finalizar habiendo salido del activo.

Si nuestro caso fuera el de vender acciones de nuestra empresa, entonces nuestro corredor se encargaría de ubicar a los posibles compradores, evaluar el mercado y darnos su recomendación con aspectos técnicos bien definidos, para que nosotros tomemos la decisión definitiva.

Luego de nosotros ya tener toda nuestra transacción definida, en teoría, acudimos al bróker para ejecutar la acción, irnos a la práctica. En este caso este profesional se encargará solo de recibir nuestras especificaciones y ejecutarlas con los detalles que ya hemos definido con nuestro corredor.

¿Qué pasa en la realidad y momento actual? En este sentido lo que sucede es que los brókers, por lo general, se encargan de hacer el trabajo completo del corredor de bolsa y de su propio trabajo. Con personal adicional estos hacen una labor completa de nuestros requerimientos, donde pueden llegar a prestarnos sus servicios, con asesoría financiera, consejos y recomendaciones, posteriormente a esto, van a ejecutar nuestras órdenes, las mismas que ellos nos ayudaron a diseñar.

Si el inversor opta por trabajar con el corredor de bolsa y el bróker por separado, esa será su decisión, pero de lo que si debemos estar convencidos es que los dos son una pieza clave dentro del mercado de valores. Para poder ser un trader de éxito se debe contar con un equipo muy bien conformado, que estos profesionales estén lo más capacitados posibles y trabajen con un gran profesionalismo.

Lo mejor que se debe hacer cuando se vaya a conformar el equipo de trabajo del trader, es evaluar

Como seleccionar nuestro corredor de bolsa

Al nosotros llegar a decidir tomar la vida del trading como nuestro medio de ingreso primario, debemos estar convencidos de que sus recomendaciones y asesoría va a ser vital para nuestro desarrollo dentro de la profesión, pues se supone que su experiencia y conocimientos es por lo que nosotros estamos pagando para así garantizar que tendremos futuro dentro del trading.

Las características más importantes, con las cuales debe cumplir un buen corredor de bolsa de valores, aquí te las señalamos:

- Experiencia. Su experiencia dentro del mundo financiero viene a ser un detalle muy significativo, pues esto será lo que nos va a garantizar que estamos haciendo las cosas correctas según las exigencias de las circunstancias.
- Credibilidad. Debe ser un profesional que mantenga la transparencia de sus actos, que lo que haga sea con el consentimiento de nosotros y que se vea la importancia que le da a nuestras operaciones.
- Buenas referencias. La referencia personal que ha de tener el corredor debe ir vinculado al respaldo de los organismos reguladores del mercado, pues este personal debe ser garantizado y avalado por las instituciones que se encargan de supervisar a todos los que hacen del trading su oficio, para evitar fraudes e incumplimientos en las normas legales vigentes.
- Buenos precios. Esta parte es fundamental, sin llegar a menospreciar las anteriores, pues como algo lógico, nosotros siempre nos vamos a inclinar por el mejor precio donde se garantice el buen servicio.

INSTITUCIONES DE SUPERVISIÓN EN ESPAÑA

En todos los países debe existir un organismo que se encargue de velar por los intereses de aquellas personas que realicen algún tipo de actividad relacionada con el comercio internacional, esto se hace para velar por la transparencia en el manejo del dinero que es colocado para ser utilizado para la compra de instrumentos financieros.

Estas instituciones se encargaran de hacer que las documentaciones y recaudos solicitados a los inversionista sea la adecuada y con la legalidad que la situación amerite.

También se encarga de solicitar las cuentas, balances y

detalles para el fiel cumplimiento de sus actividades, para garantizar que toda transacción sea realizada cumpliendo las exigencias legales vigentes.

Existen organismos que se encargan de controlar una región completa, como por ejemplo la ESMA (European Securities and Markets Autorithy), que se encarga de dictar las normas y regulaciones para todos los países integrantes de la Unión Europea, donde cada uno la ha adaptado a su mercado.

Su principal función es dar garantía y transparencia en todas las operaciones que se ejecuten en la región, proteger el capital del cliente y evitar los fraudes. Bajo esta misma iniciativa se llegó a constituir el MIFID (Markets in Financial Instruments Directive) que no es más que el grupo de normas que regularán la actividad de inversión dentro de los mercados de valores, garantizando la protección para los traders con las mismas condiciones siempre y cuando se mantenga dentro de cualquier país de la Unión Europea.

En el caso de España, esta norma se incorporó en el 2007 dentro del Derecho de la nación.

La regulación de un bróker

La regulación de un bróker ocurre cuando este se ha apegado al control de un organismo, para que mantenga supervisado su ejercicio profesional dentro del mundo de las inversiones de los traders. Donde este ha de cumplir con una cierta cantidad de normas y requisitos que le estarán exigiendo para este poder contar con la certificación y aval de la institución.

Es de suma importancia que el bróker que sea seleccionado para acompañar nuestras operaciones este regulado por un organismo de esta naturaleza. Pues es la única forma como se le puede llegar a exigir responsabilidad al momento de cualquier acontecimiento con el cual no estemos conforme. De esta forma estaremos amparados por la ley.

En España la CNMV

La Comisión Nacional del Mercado de Valores (CNMV) es en España la organización que se encarga de velar por la transparencia y legalidad de todas las actividades relacionadas con el trading en los mercados de valores. Vigila por el buen cumplimiento en la compra y venta de instrumentos financieros, amparados por las leyes del país en todo lo concerniente al asunto.

Se ha llegado a mencionar que este es uno de los organismos más estrictos para hacer cumplir los reglamentos dentro del sector. Un bróker que sea amparado por la CNMV tiene la garantía de ser buen profesional dentro del área.

CUMPLIMIENTO DE IMPUESTOS POR TRADING EN ESPAÑA

Si estas ejerciendo la labor de trading, el gobierno español te va a exigir que pagues impuesto sobre el ejercicio de tu profesión.

Por desconocimiento muchas veces se cae en cometer una falta de tipo legal, la cual nos puede llegar a causar un mal muy significativo en nuestro desempeño. Es por esto que la mejor herramienta que nosotros podemos llegar a utilizar es la información y educación al respecto, no pensar que esto no nos corresponde solo por creerlo de esa manera.

El trading y sus impuestos

En España se maneja para este tipo de impuesto el IRPF, que es el *Impuesto Sobre la Renta de Personas Físicas*. Por este mecanismo es que el país se encarga de recaudar la tributación de todo lo que la persona ha llegado a generar, como ganancia de su oficio realizado en un lapso de tiempo determinado. Como es lógico, mientras más se genere más se ha de pagar.

Esta tributación tiene por supuesto sus condiciones. También se debe saber que debe pagar toda actividad económica que se haya realizado dentro de España o fuera del país, nadie está exento. Este impuesto estará vinculado de forma directa en la región del país donde resida la persona.

Si es por el oficio de trader que deberás rendir cuentas frente al fisco español, tus beneficios serán tomados, para su clasificación, dentro de la modalidad de ahorro, donde también se incluyen los rendimientos de capital mobiliario, así como las ganancias y pérdidas patrimoniales.

Detallando lo mencionado anteriormente tenemos.

- Como rendimiento de capital inmobiliario. En este apartado se ubican: intereses generados, bonos, dividendos, participaciones en beneficios, ingresos por transmisión de valores y otros títulos de renta fija.
- Como ganancias y pérdidas patrimoniales. Vendrían a ser las variaciones que se obtienen de nuestro patrimonio.

Llegando a ejercer como trader, debemos considerar para el cálculo de nuestras obligaciones, los ingresos que se obtienen de los dos puntos señalados anteriormente, para ubicarla en el renglón de *base imponible del ahorro*, siendo allí donde se aplicara el debido cobro del IRPF.

Es por esto que debemos estar bien informados para no llegar a equivocarnos. Sea cualquiera el mercado en que operes: Futuros, Cfds, acciones ETFs u Opciones Financieras, se deben tomar todos estos beneficios como ganancia patrimonial.

Como consecuencia de lo mencionado anteriormente, se ubicará en el renglón de ahorro, esto es muy importante saberlo, pues es una práctica de reciente aplicación, anteriormente si la labor era realizada en menos de un año, entonces se ubicaba como renta del trabajo y allí sí que los montos eran muy superiores, inclusive podrían llegar hasta a un 50% o más del ingreso.

Como se debe tributar en España por trading

En la nación española, los tributos se hacen de la siguiente manera:

- Los primeros 6.000 euros deben cancelar el 19%
- Luego los siguientes 44.000 euros hasta los 50.000 euros cancelaran el 21%
- El monto que exceda los 50.000 euros tributara el 23%

Para efectos fiscales, referente al trading, la forma de determinar las ganancias y pérdidas, se debe considerar que todos los gastos que se generen por la operación, incluyendo las comisiones, son deducibles siempre y cuando correspondan a persona física.

Estas mismas condiciones aplican para efectos de impuestos si las mismas corresponden a persona jurídica. Queriendo decir esto que a todo lo que has ganado le debes restar las comisiones que has pagado al bróker y los demás gastos generados por la transacción. Igual se debe considerar si al final lo que se obtuvo fue pérdida.

Como declarar pérdidas

Debes saber que debes declarar tus pérdidas si estas han estado en monto superior a 500 euros, es obligatorio hacerlo.

También debes saber que se permite que compenses solo un 15% del resultado negativo de todas las pérdidas y las ganancias patrimoniales con rendimiento correspondiente a capital mobiliario. La diferencia se aplicara a todo lo largo de los cuatro años siguientes.

COMO GANAR DINERO HACIENDO TRADING

El trading es una profesión que genera beneficios económicos, es por esta razón que muchas personas lo seleccionan como medio de subsistencia, para poder obtener unos ingresos que le proporcionen una vida digna. Es por este motivo, que al momento de decidir nosotros hacer del trading nuestro oficio principal, debemos invertirle tiempo, esfuerzo y cualquier otro recurso que este requiera.

El sistema del trading es muy sencillo, en teoría, pues solo se basa en comprar barato y vender caro, o como dice la

definición de especulación, comprar a un precio para venderlo a otro y utilizar el diferencial de estos para obtener beneficio.

Algo que debemos saber cuándo nos iniciamos como traders, es que este será un camino nada fácil, es el correr un riesgo constantemente pues nada está escrito y el futuro siempre ha de ser incierto. Debemos estar conscientes de que debemos abrirnos al conocimiento y que este será un camino largo y lento para comenzar a ver un ingreso realmente significativo, pues esta profesión se fundamenta en las experiencias que podamos tener en un momento determinado.

Ejemplo de una operación en Forex

Para poner un ejemplo de una operación consideraremos al mercado de Forex, aquí las monedas se cotizan por pares, esto se debe a que cuando operas una venta simultáneamente operas la compra de la otra.

Tomando como ejemplo tenemos el par GBP/USD, en este caso la que se nombra primero es la moneda base y la segunda moneda de cotización, al tener un valor este par de 1,51258 quiere decir que para adquirir una libra esterlina se debe pagar 1,51258 dólares estadounidenses.

Si es Ud. quien vende, debe saber que la cotización le dirá cuantas divisas de la moneda de cotización obtendrá por la venta de una moneda base.

En el caso del par EUR/USD, lo que le está diciendo esta representación es que estará comprando esa divisa base, el euro, y al mismo tiempo vendiendo la divisa cotizada, el dólar estadounidense. Este par se podría mencionar "compra EUR y venda USD".

La lógica para realizar alguna operación con este tipo de activo, sería:

- Comprar el par si creemos que la divisa base aumentara su valor, con respecto a la moneda cotizada.
- Vender si creemos que la divisa base se depreciara, perderá valor, con referencia a la cotizada.

EPÍLOGO

Hemos visto prácticamente todos los aspectos que conforman al trading online, ya estamos más informados sobre cómo se debe comenzar y como tratar de llevarlo a cabo.

Algo de los que hemos estado tratando a lo largo de este contenido es que debemos saber, que este es una profesión, viene a ser una labor que nos debería producir unos ingresos con los cuales nosotros pudiéramos lograr pagar todos nuestros gastos y tener para proveernos lo que realmente queramos.

Es por esta apreciación que debemos darle el lugar que se merece a este trabajo, que así como nos va a llegar a exigir un esfuerzo, dedicación e inversión de algunos recursos, también nos debería traer satisfacción y alegría, por poder haber llegado a desarrollarnos como practicantes de trading.

Si nos llegamos a decidir por el camino del trading, debemos estar educándonos siempre de todas las maneras de que dispongamos, pues siempre habrá algo nuevo que aprender. No debemos estar escatimando recursos pues siempre el esfuerzo traerá sus recompensas, debemos hacerlo de una manera consciente y seria.

Realizar los cursos que se puedan hacer, leer los contenidos referentes al tema y así ir llenándonos de conocimientos para ir resplandeciendo en este mundo de la inversión.

Que hacer el primer día como trading

Nuestro primer día ha de ser como ya lo tengamos previsto, pues las improvisaciones es lo más nefasto que nosotros podemos llegar a hacer.

1. Accede a la plataforma. En este caso debemos ya estar registrados en esta plataforma, ya tener definido al bróker, y por lo tanto ya debe existir la familiaridad en el uso de la misma.
2. Selecciona el mercado con el que vas a trabajar. Ya en la plataforma debes escoger con cual mercado vas a trabajar, ya sea Forex, acciones u otro.
3. Realiza el depósito. El trading se inicia con el deposito, pues la manera cómo puedes entrar a la operación es a través de tu inversión. En este punto se debe seleccionar el monto con el que estés dispuesto a entrar, sabiendo que existe un monto mínimo.
4. Prepárate. Debes estar ya informado sobre los factores que pueden llegar a influir en tu inversión, los análisis técnicos y otras herramientas de apoyo.
5. Abre en una posición. Aquí comienzas con tu operación, deberías estar entrando a la compra pues te estarías iniciando, luego a medida que vayas adquiriendo activos, tus entradas pueden ser de alguna de las dos formas: compra o venta.

6. Gestiona tu inversión. Debes controlar la actividad que ha generado tu inversión, saber manejar la dirección de la tendencia, teniendo influencia en todos los parámetros que se involucran, primeramente el stop loss y take profit.
7. Cierra tu posición. Ya habiendo cubierto los puntos anteriores nos queda retirarnos de la operación en el momento que hayas decidido y así corresponda. En esta tarea nos ayudan los valores tomados en la gestión de la inversión.

Las 3 mejores plataformas para hacer trading 2020

Para esta comparación hemos dedicado nuestro enfoque en todas las plataformas de trading que se pueden ubicar con facilidad, no hemos hecho distinción con respecto al mercado, o sea puede ser cualquiera.

XTB. Este bróker online es especialista en el mercado de productos financieros desde el año 2002. Ventajas: unas de las mejores plataformas, servicios las 24 horas del día, regulado por FCA y CNMV, entre otras.

ETORO. Este es un bróker online y se especializa en contratos por diferencia (CFDs). Es muy reconocido por aplicar la estrategia del Social Trading y el Copytrading, metodología que permite compartir de manera grupal las operaciones realizadas por inversionistas expertos. Ventajas: reconocido ampliamente dentro del mundo del Social Trading y del Copytrading, regulado por CNMV entre otros a nivel internacional, plataforma muy segura y regulada, excelentes tarifas, entre otras.

DARWINEX. Este bróker online se especializa en los mercados de Forex y CFDs. Ventajas: Cuenta con garantía de todos los entes reguladores de la actividad del trading, formación gratuita y una gran comunidad, gran cantidad de estrategias disponibles, entre otras.

Esta ha sido nuestra apreciación con respecto a unas de las plataformas de gestión de inversiones en el mercado de la bolsa de valores.

Tomando la iniciativa

Ya para culminar, lo único que queda en nuestras manos es poder tomar la decisión de si comenzamos y cuando lo hacemos, al final esta es una iniciativa que no debe ser muy difícil de escoger si lo que andas es buscando obtener ingresos de una manera que no tengas que dedicarle tanto tiempo, pues el trading se opera solo por un espacio corto de tiempo al día, si consideramos el tiempo que debemos pasar investigando y educándonos aun así es poco tiempo al considerar otros oficios, es por esta razón que la opción viene a ser algo tentadora.

DESCARGO DE RESPONSABILIDAD

Todas las marcas y logotipos mencionados en este libro pertenecen a sus legítimos propietarios.

El autor no reclama ni declara ningún derecho sobre estas marcas, citadas con fines educativos únicamente.

Aunque el contenido de este libro se actualiza y modifica periódicamente, el autor no puede excluir que en él haya errores y/u omisiones que de alguna manera pongan en duda la corrección de la información proporcionada.

En este caso, el autor no será responsable en modo alguno de los daños que pueda sufrir lo publicado. Incluso la elaboración de los textos, aunque se editen cuidadosamente, no puede entrañar una responsabilidad específica por errores o inexactitudes involuntarias.

APUNTES

ALVARO MORALES

TRADING ONLINE

ALVARO MORALES

www.ingramcontent.com/pod-product-compliance
Lightning Source LLC
Chambersburg PA
CBHW050008230526
45465CB00003BB/1313